汉英武术词典编纂研究

李晖 著

上海人民出版社

中国特色社会主义体育强国建设研究中心资助出版项目

（ZX2018-ZK03）

上海体育学院文化系列丛书资助出版项目

（TYWHCS201821）

上海市哲学社会科学"十三五"规划项目
"基于平行文本资源库的中国武术翻译研究"成果

（2020BYY004）

体育文化系列丛书编委会

总　序

　　2012年起，上海体育学院主动对接教育强国、文化强国和体育强国建设国家战略，充分发挥学科优势和体育特色，启动编著"体育文化系列丛书"，至今已有十年整。丛书是研究发掘体育行为文化和精神文化成果的专题系列书籍，着力发挥学术研究在体育文化建设中的思想引领、价值导向和智力支持作用。

　　在新的历史方位上，丛书的独特价值正愈加显现。党的十八大以来，以习近平同志为核心的党中央站在国家强盛、民族复兴的战略全局，高度重视体育事业发展。党的十九大报告指出，文化是一个国家、一个民族的灵魂。文化兴国运兴，文化强民族强。没有高度的文化自信，没有文化的繁荣兴盛，就没有中华民族伟大复兴。党的二十大报告提出"推进文化自信自强，铸就社会主义文化新辉煌"，我国文化建设的内涵不断丰富，要求不断深化。体育文化是中国特色社会文化的重要分支，是体育事业可持续发展的强大动力，是文化强国建设的重要抓手，是体育强国、健康中国建设的坚实基础，是综合国力、文化软实力的重要体现。对体育文化的研究及其推广传播，成为加强文化建设、坚定文化自信、提升文化软实力的重要实践。

　　十年里，学校将"体育文化系列丛书"编著列为学校重点工作，先后将其纳入"085工程"内涵建设项目、国家"双一流"建设和上海高水平地方大学建设项目，每年安排专项经费，资助鼓励开展体育文化学术研究。截至目前，作为国内第一套系统研究体育文化的系列丛书，丛书已推出六辑近二十部作品，内容涉及足球文化、乒乓球文化、武术文化、垂钓文化、体育教育、体育思想、学校体育、竞技体育、中华体育精神等内容，形成了一批体现时代引领性、理论创新性，富有体育特色的出版成果，为体育文化建设贡献了上体人的智慧力量。

体育文化内容广博，又处在不断发展和丰富过程中。面向未来，丛书在选题和研究过程中，应体现"三个更加突出"。一是更加突出立德树人、以体育人。高校的根本任务是立德树人。体育蕴含着丰富的育人价值，不仅能强身健体，更能培育心智、涵养品德。作为高校推出的系列丛书，育人价值的挖掘是其应有之义。二是更加突出中国特色、文化传承。中国有着悠久的体育文化传统。发掘传播中国体育文明，弘扬中华体育精神，对增强民族自尊、提高文化自信有着重要意义。三是更加突出国际视野、开放包容。体育是人类的共同语言，作为全球化的重要组成部分，使不同地域、民族的体育得以多元融合、相互吸纳，发展成为新的世界文化模式。对国际视野下的体育文化应给予更多关注。

丛书的出版得到了上海市委宣传部和上海世纪出版集团、上海人民出版社等单位长久以来的大力支持和帮助。在此，表示衷心的感谢！

党的二十大报告提出"到二〇三五年，建成教育强国、科技强国、人才强国、文化强国、体育强国、健康中国，国家文化软实力显著增强"。体育文化建设任重道远，体育人责无旁贷。希望"体育文化系列丛书"能够不断推出更多优秀专著，能够为我国体育文化建设添砖加瓦！

上海体育学院院长

2022 年 11 月

目 录
contents

序

　　国内外文化交流的日益广泛和深入,国外友人对汉语和武术等中国文化学习的需求,以及为增强国家文化软实力提出的"中国文化走向世界"战略的实施,呼唤着与时俱进、服务用户需要的汉英武术词典的出版。

　　"字典者,群书之总汇,而亦治语言文字者之权舆也"(严复,1902:序),辞书汇聚知识精华,堪称学科权威。词典对于宣传民族文化,增强国家软实力,保证国家精神文明长盛不衰意义非凡,古今盛世皆然。汉英武术词典是武术国际化传播的全息载体,但在武术研究领域内,其编纂和翻译一直未受到足够的重视。汉英武术词典不仅要提供科学、专业、规范的释义(词目翻译),还应该要设置相应的文化注释、使用说明、相关插图等,关注用户在武术领域的语言学习和产出,其本质是为词典用户着想,传递跨文化交际信息。然而,目前市面上的汉英武术词典在总体设计上缺乏对上述诸要素的充分考虑。

　　是故本书内容致力之要点如下:

　　(1)汉英武术词典编纂的理论框架与整体架构。首先从用户视角,通过问卷调查、专家访谈、座谈交流以及观察法等形式对汉英武术词典的使用现状、存在问题和原因,以及词典知识和技能状况进行了在线调查,以期为汉英武术词典的编纂提供以实证为基础的参考依据。然后梳理权威汉语单语武术词典和双语武术词典的研编得失,以及汉英武术翻译中存在的问题,以考证汉英武术词典的编纂;再借助现代语言学、翻译学和词典学的研究成果,搭建汉英武术词典的理论框架与整体架构。

　　(2)汉英武术词典编纂研究。根据汉英武术词典的框架理论,从篇幅收词、立目编排、版式体例、多维检索等方面的宏观结构,汉语拼音、英语诠释、插图以及同义、喻义、近形词释义等方面的微观结构,以及文化信息输入途径这三个方面探讨汉英武术词典的编纂方法。

（3）汉英武术词典词目英译研究。根据汉英武术词典框架结构下的翻译原则，从语义、语体、文化功能等值的角度出发，探讨汉英武术词典完全对等、部分对等以及零对等词目的翻译策略和方法。

（4）现代信息技术对汉英武术词典编纂的作用和要求。讨论电子计算机、互联网、多媒体等现代信息技术以及语料库在汉英武术词典编纂中所起的作用，以及信息时代背景对编纂汉英武术词典的要求。

基于上述讨论之要点，本书意在构建汉英武术词典编纂的框架模式，探讨编纂和翻译实践的策略，为汉英武术词典的更新换代和武术术语翻译的标准化提供借鉴，从而服务用户，弘扬传统武术文化。

第一章 绪 论

1.1 引 言

"仰手接飞猱,俯身散马蹄"(魏晋·曹植)、"来如雷霆收震怒,罢如江海凝清光"(唐·杜甫),滚滚几千年的中国历史长河一直激荡着武术的浪花。武术承载着博大精深的中国传统文化,与京剧、书法和国画并列为中华民族的国粹。从太极八卦到大舞木兰拳,各式拳掌脚腿、刀枪棍棒,穿越几千年人类历史,与传统文化相交融浸润,散发出奇异的光彩,为世界所瞩目。而把武术作为民族文化符号推向世界,也成了广大中国人民的一项使命。

我国最早有组织地推广武术的记录始于1935年中央国术馆在东南亚所进行的武术表演。1982年9月27日至29日,在南京举行中国武术国际友好邀请赛,这是武术史上前所未有的国际化推广创举。1990年10月成立的国际武术联合会(International Wushu Federation),2002年被国际奥委会承认,2021年成为国际世界运动会协会(IWGA)正式会员。截至2020年,国际武术联合会拥有155个国家和地区的会员协会。2017年,武术被正式列为台北第29届夏季世界大学生运动会比赛项目。2020年迎来武术发展的重要里程碑——中华武术瑰宝太极拳被列入人类非物质文化遗产代表作名录。在国外学校课程设置上,21世纪初,哈佛大学、斯坦福大学等世界名校相继开设武术俱乐部、少林功夫课。中华武术培训机构在世界各地如雨后春笋般出现,比如始创于1988年的美国武术学院,致力于中国武术的推广与中华文化的传承,至今已培养武术学员上万人,极大地促进了武术运动的国际化传播。

文化世界中,风靡全球的功夫电影如《精武门》《黑客帝国》《卧虎藏龙》《一代宗师》和动画片《功夫熊猫》等把中国武术的独特魅力表现得淋漓尽致,武术文化元素给世人留下了深刻印象。武术已经成为中华民族的一个标志性文化符号,武术的国际化推广是世界多元文化中塑造民族意识,实现文化输出的一个重要历史使命。

但由于很多客观原因,比如,东西方语言文化差异、认知模式不同、翻译传播误读与曲解、国际化人才匮乏等,导致武术国际化推广一直未能达到期望的效果。《发现》(Discovery)有一期节目《世界十大武术》,排名是这样的:少林功夫、空手道、泰拳、忍术、聚气道、合气道、跆拳道、马珈术、卡利武术、巴西东方柔术。历史悠久的中国武术,被誉为武术之源,亚洲各国的武术大都是从中国武术演变而来。中国少林功夫,包括拳脚武器,练习内容极为广泛,排名第一并不为过,但是这前十名中,日本的有 3 个(合气道、聚气道、忍术),巴西东方柔术还是源自日本柔术的功夫,而"太极拳""截拳道"等这些我们引以为傲的武术类型都没有进入前十。所以不能不承认,中国武术国际化传播任重而道远。

1.2　研　究　动　因

武术词典是武术文化的密集载体,汉英武术词典蕴含开展国际文化领域竞争的学理素质,不但有助于中华武术的全球输出与推广,更能带动中华民族文化与思想走向世界。孔子云:"工欲善其事,必先利其器"(《论语·卫灵公》)。在国际国内文化大发展、大繁荣的语境下,探讨如何通过汉英武术词典弘扬中国武术文化,彰显民族特质,是武术翻译和国际化传播研究的一个重要维度。基于此,本书欲以编排合理、检索方便、理解和使用并重的汉英武术词典编译为研究对象,探索其编译原则和方法,使词典质量日臻完善,以利武术文化国际化传播。

本书研究之动因,主要基于以下几点考虑:首先,懂外语的人很少兼善武术,懂武术的人很少精通外语。在武术国际化推广过程中,往往前者充当武术学习者,后者起主要教学传播作用,两者都需要沟通中西武术交流的最直接桥梁——汉英武术词典。而以往的汉英武术词典缺乏理论指导,编译不系统,收词不足,检索不便,释义模糊,给教学、翻译、理解和查检带来极大不便。其次,当今大多武术翻译杂乱而不成体系,对应词处理不严谨,比如"功夫"一词的翻译就有几个不同版本,"gongfu""Kung fu"和"kungfu";"太极拳"则有"Taiji Quan""Taiji Boxing""shadow boxing""Tai-chi Chuan"和"Tai-Chi""T'AICHI"等译法或拼写方法。甚至望文生义、以讹传讹的翻译也屡见不鲜,如"鸡步"被译为"cock stance"。如此无则无章的武术翻译致使词典用户茫然不明所以。再有,"研究翻译的学者,也极少注意探讨词典翻译中的特殊性"(曾东京,2003:序言Ⅲ),词典翻译不同于一般翻译,词目释义具有自己的特殊性,但是检索国内权威翻译期刊《中国翻译》,从 1979 年到 2021 年底与词典相关的翻译论文只有 9 篇,可以说探讨词典或词目翻译的研究比例相当小。如今市面上的武术错译误译大多一则源于译者对武术或英语的一知半解,二则是不能把握词典词目翻译的特殊性。此外,20 世纪是语言学推陈出新的世纪,现代语言学及其分支如词汇学、语义学、语用学等的蓬勃发展为词典学和词典编纂提供了丰富的营养,语义成分分析使释义更加准确、规范、科学,关注语体、语域的语用理论可以保证用户既能正确理解语言,又能得体地使用语言,威妥玛拼音、汉语拼音和偏旁部首等为词典编排检索提供了多项选择。最后,由于词典史上,实践经常先行于理论,而且新事物、新名称不断涌现,每本词典"编排付印之时,更新的词汇已在萌芽"(Johnson,S.),所以任何一部词典都难以尽善尽美,随着社会发展和理论研究的深入,总会发现成本词典这样或那样的问题存在。王克非就主张词典类"工具书应该 5—10 年间重新编辑或修订"(2003:41),以适应不断发展的用户需求和翻译实践需要。最新版《汉英英汉武术词典》2007 年出版,至今已有 8 年,改版或重版的时间在即。所以从理论上推动汉英武术词典的研究,使将来此类词典编纂工作有所借鉴,以适应时代需求,满足用户需要,是武术推广和研究的当务之急。

有理论指导的实践才能方向明确、明辨是非，才不会浪费人力、物力和财力，所以先建设好编译理论，方能保证词典编纂建立在科学、系统、实用的基础上。而且，汉英武术词典研究不但对编纂我国以汉语为源语或目标语的汉英词典有重要参考价值，在一定意义上还可以从词典学角度丰富现代翻译理论。

1.3　研究方法与框架构思

本书以翻译学、语言学和现代词典学理论为依据，按照"比较—分析—实证"的研究思路，在综合已有汉英武术工具书和武术翻译研究基础上，应用比较分析和个案研究等方法，探讨武术术语规范统一的翻译，词典宏观和微观结构科学实用的编纂，以及武术文化功能的贯彻等，以丰富和发展汉英武术词典理论，推动汉英武术词典的编译。

本书采用多角聚焦的方法，通过文献研究、访谈、问卷调查、对比分析及个案研究，对汉英武术词典的编译进行系统深入的研究。

（1）文献资料法：结合上海市立图书馆、高校实体和虚拟图书馆优势资源，梳理国内已有的武术翻译、双语词典研究等成果，为本书研究的开展提供借鉴；

（2）问卷调查和访谈法：在武术工作者、国内外武术爱好者和翻译人员中发放问卷或者开展访谈，了解他们对武术语言和文化的学习渠道、理解偏差和武术翻译的规范化建议，为汉英武术词典的编译提供实践基础；

（3）比较研究法：对比多本汉英武术词典编译上的差别，立足中国武术内涵和传统，探讨不仅释疑解难，更能传播武术文化的汉英词典编译方案。

（4）实证研究法：选取典型侧面，如词典宏观结构的篇幅体系、分类编排和多维检索等，微观结构的汉语拼音、英语注释和插图等寻求汉英武术词典释疑解惑的最佳途径。

研究框架构思如下：

第一章绪论，介绍本书的研究背景和动因、研究思路、理论视角与主要采用的研究方法等。

第二章首先明确武术概念和分类,厘清本书所使用的几个重要的词典术语的含义和区别,比如词典和辞典、词典用户和读者、词条、词目和条目、积极和消极型词典含义等,然后梳理武术词典和汉英武术词典的编译情况,以及武术翻译和研究的现状及存在问题,希望以史为鉴,汲取汉英武术词典编译的养分和动力。

第三章是首先通过问卷调查、专家访谈、座谈交流以及观察法等形式就词典偏爱类型、词典使用频率、检索习惯、释义信息、整体架构、词典选择等方面进行汉英武术词典用户需求调查,以期为汉英武术词典的编纂提供以实证为基础的参考依据。然后吸收借鉴现代语言学、词典学和翻译学的发展成果,探讨汉英武术词典的整体架构、功能、特征、以及词目翻译原则。

第四章从词典宏观结构的篇幅、立目、版式和多维检索等角度,以及微观结构的汉语正字、汉语拼音、对应译词(插入性、描述性)、插图、加注等等层面探讨汉英武术词典的结构特征,以期层次清晰、系统全面地反映汉英武术词典编纂的结构要求。然后从收词立目、附录、版式和装帧等宏观角度探讨汉英武术词典文化信息的输入,以帮助词典用户扫清文化障碍,扩大武术视野,充分发挥双语词典的文化传播功能。

第五章首先从语义对等、文体对等和文化对等的角度,考量汉英武术词典中的词目翻译。然后分析译者如何发挥主动性和创造性,突破原语形式美、原语非形式美以及双语的文化差异等层面的限制,再现武术表达之美;接着从义项、插图、词源、参照等角度分析词典微观释义中的文化考量;最后探讨汉英武术词典词目翻译策略,如完全对等、部分对等和零对等。

第六章结合计算机和因特网技术的迅猛发展,指出现代信息技术对双语词典编纂技术革新、新媒介词典涌现和词目释义方式多样化等方面的意义。故汉英武术词典编纂必须要研发新媒介汉英武术词典、开发多模态释义信息、完善词典编排结构等,并发挥语料库在汉英武术词典编纂中收词立目、词目释义、用户友好原则构建的作用。

第七章概述研究结果,指出本书研究的难点、创新点和研究意义,在此基础上,分析本研究存在的不足之处,并为后续研究提供借鉴。

第二章　武术词典编纂与翻译概况

双语词典是涉及两种语言的词典,其基本目的是"在一种语言的词汇单位与另一种语言的词汇单位之间找出意义相等的对应词"(兹古斯塔,1983:404)。传统上双语词典分为双语语文词典、双语专科词典、双语综合词典三大类,汉英武术词典属于双语专科类词典。"所谓双语专科词典,是指以专科词语为主要收词对象的双语词典"(王毅成,2000:76)。编纂和研究双语专科类词典,首先要探讨的问题是这类词典应该收录的词目内容。只有先明确收录内容,才能使专科词典的编纂有的放矢、切中要害,否则难免走上弯路,步入歧途。所以本章先厘清武术概念和分类,然后遵循"他山之石,可以攻玉"的理念,对比汉语单语武术词典和汉英武术词典的出版发行情况,最后探讨近些年来武术翻译研究的现状,希望以史为鉴,汲取汉英武术词典编译的养分和动力。

2.1　武术词典编纂的前提:武术概念和分类

1990 年由人民体育出版社出版的《中国武术大辞典》,其前言部分就明确叙述了编纂武术词典的困惑:"由于学科界限不明,首当其冲的问题是收录辞条的范围不好定,特别是它的外延部分的范围不好定,抽象地严守'宁缺毋滥'一类原则,可能会招致减缩武术领域之嫌,反之,对古今武术宽广的辐射面不加界定,不免又有漫衍之虞。"其实,这是所有武术词典(包括单语和双语)的困惑,其根本原因就是武术概念不清,分类不明。

武术，是构成武术词典的基本成分；武术概念，是人们认识、研究武术的一个最基本的逻辑起点，是建立武术科学理论体系的根基（杨祥全，2007；曾于久，肖红征，2008；周伟良，2010）。"必也正名乎……名不正则言不顺"（《论语·子路》），为武术概念"正名"，明确武术的内涵（本质属性）和外延（类别和具体内容），以避免"名实"错位，这是武术词典编纂的基础。

历史上，武术在春秋战国时被称为"技击"术，汉代至明末沿用"武艺"；从清朝初期始，借用南朝宋颜延之《皇太子释奠会作诗》中"偃闭武术，阐扬文令"的"武术"一词，但此前主要是指军队、战事方面的技术，与"文"相对（杨祥全，2007：250），如古诗云"纵横文武术，难以寻常较"（宋·石介）；中华民国时期改用"国术"，新中国成立后仍采用"武术"一说。

中国传统哲学所倡导的重和谐、重整体、重直觉为特色的思维方式，使汉语缺乏对很多概念的总结提炼，武术就是其一。随着西方文化的大规模进入，人们开始用"体育"的视角审视"武术"，审视的结果突出表现在对武术概念的探讨上。在武术研究历史中，武术概念众说纷纭，武术定义难以计数，其中争论的焦点大多集中在"体育""健身""技击"和"文化"等几个关键词上。

内涵（connotation）和外延（denotation）是概念最基本的逻辑特征，下定义是明确概念内涵和外延的方法。最早对"武术"的定义可以追溯到1932年近代中国颁布的体育法规文件——《国民体育实施方案》，"国术原我国民族固有之身体活动方法，一方面可以供给自卫技能，一方面亦做锻炼体格之工具"。1961年出版的《体育学院本科讲义·武术》对武术的定义是："武术是以拳术、器械套路和有关的锻炼方法所组成的民族形式体育。它具有强筋壮骨，增进健康，锻炼意志等作用；也是我国具有悠久历史的一项民族文化遗产。"1978年出版的体育院系通用教材《武术》："武术，是以踢、打、摔、拿、击、刺等攻防格斗动作为素材，按照攻防进退、动静疾徐、刚柔虚实等矛盾相互变化的规律编成徒手和器械的各种套路。它是一种增强体质、培养意志、训练格斗技能的民族形式的体育运动。"1997年在《武术理论基础》绪言中,周伟良指出,"武术是以中国传统文化为理论基础,以内外兼修,术道并重为鲜明特点的中国传统体育项目"。

武术概念,不一而足。按照逻辑学理论,下定义应该遵循四条规则:

(1)定义项与被定义项的外延必须重合,否则就会"定义过窄"或"定义过宽"。

(2)定义项不应该直接或间接地包括被定义项。违反这条规则的错误被称为"循环定义"。

(3)定义不应包括含混的概念,不能用隐喻。

(4)定义不应当是否定的(《形式逻辑》,2001:36—37)。

按照这四条规则,试对比上述四个颇有影响的概念。1932年的定义强调了武术的民族性,论述了武术"身体技能""锻炼工具"的本质,但是没有涉及武术的身体活动方法,所以定义过宽泛。1961年本科教材的武术概念,把武术看作民族体育的全部,有失偏颇,而违背了定义项不能直接包括被定义项的规则,"有关的锻炼方法"表述模糊,明显含有主观色彩的"强筋壮骨,增进健康,锻炼意志等"描述不属于武术的专属功能和本质特性,而且概念中也没有提及武术的技击性和攻防特点,温力(1993:7)认为,这并非作者的疏忽,而是对五十年代后期开始批判"唯技击论"的有意回避。1978年的体育院系教材对武术的定义过度啰嗦不着要点,"用对武术内容、特征、表现形式和具体功能的形象描述代替概念的抽象性,没有揭示武术本质属性"(龙行年,2008:67),达不到概念的层次,因而饱受诟病。1997年周伟良提出的武术概念以"中国传统文化"为限定项,而"中国传统文化"是一个极端宽泛的概念,可以是建筑、服饰、饮食等物质文化,也可以是思想、音乐、习俗等非物质文化;而且在内涵上,界定"武术"是"中国传统体育项目",但在外延上却丝毫未涉及"套路""搏击"或"技击"等运动形式,另外,以隐喻形式的"内外兼修,术道并重"来区分其他体育项目,"术""道"含义模糊,难以揭示武术的本质属性,不符合科学定义的规范。

21世纪延续了对武术概念的探讨。杨建营、程丽平(2013)在调查了

5 种不同社会群体对武术的认识基础上,指出"小武术观"造成不同群体对武术的认识狭隘,所以主张"大武术观"下的武术概念,即"以具有技击含义的动作为主要内容,以徒手和持械为运动形式,由中华民族创造的人体运动文化"。其中的"技击"内容不够全面,"人体运动文化"虽属武术的主要特点,但是事物的主要特点不等同为事物的本质属性;而且当今全球化时代,"大武术观"应该是立足全世界的立场上的概念,那么日本的"柔道"、韩国的"跆拳道"、泰国的"泰拳"都应该包容其内。

辩证唯物主义的运动观认为,运动是物质的根本属性和存在方式,万事万物是在发展变化着的。对武术概念的认识同样在不断地衍化,武术源于中国,终将属于世界,随着武术的蓬勃发展与广泛的国际传播,武术将成为一项世界运动。综合所述,笔者尝试将武术定义为"**围绕技击、养生而开展的徒手或持械的一种身体运动**"。该表述概念明确,语言简练,在本质属性上把武术界定为"技击、养生"的"身体运动"、而不是民族狭隘主义的"中国传统体育项目"或"民族文化形态"等,在外延上明确了"徒手"或"持械"的两种运动形式。

"武术体育说""唯技击论""民族文化说"难逃偏颇之责,概念阐释与属性界定的模糊会导致用户对武术概念的理解认识处于一种盲点状态,而如果武术类别不明,则无法为武术词典编纂提供一个必要的框架平台,所以有必要在"徒手"或"持械"基础上,继续探讨武术的分类。

一部专科词典就是一个系统工程,要"在有限的篇幅里全面反映它所涉及的学科领域里的全部知识,而且做到不重复、不缺漏、不矛盾、不失衡"(杨西京,2008:2—3),就必须对词典内容分类清楚。少林、武当、峨眉、南拳四大派内部有许多支派,各支派中又有特色各异的小支派,犹如满天繁星,蔚为大观。据统计,我国拳种有 129 种,1985 年习云太主编的《中国武术史》中,拳种部分有 46 节计 75 种、器械部分有 27 节,可见中华武术纷繁浩瀚之一斑。历史上,我国出现过武术的不同分类法。

早期武术有角抵、手搏、导引、剑术四大类,角抵术即相扑、摔跤等项目,手搏包括搏斗、散手、拳术套路等,导引术包括五禽戏、八段锦、易筋经和其他一些气功导引术,剑术则泛指武术器械类的习练和技法(高凤岗,2012)。后期武术按地域分类,大致以长江为界将武术分成南北两大派,南派武术流行于长江流域以南、四川等,动作紧凑、架势小、灵活多变,以柔韧见长,如南拳、咏春拳、峨眉派拳术等;北派流传于长江以北的北方各地,动作舒展、架势大、刚劲遒猛,作风硬朗,尤其以腿法见长(此所谓的南拳北腿来历),如少林拳、八极拳、翻子拳、华拳、查拳、戳脚等。明代中期还形成了"内""外"家分类法,内家以武当拳、太极拳、八卦掌、形意拳等为代表,注重修炼内气,以气为主,引导外力,动作刚猛外展;外家注重修炼外力,以气为辅,动作柔和内敛。但是大多数武学专家都认为,内外兼修才是武术的至高境界。另外还有依据姓氏、人名、佛道鬼神和动物名称命名的一大分类方法,以创始人姓氏而命名的,如太极拳就有陈、杨、孙、吴、武五大派系,以人名命名的有咏春拳、孔朗拜灯拳、岳王锤、三皇炮锤等,佛道鬼神的有二郎拳、金刚拳、罗汉拳等,以动物命名的龙拳、蛇拳、虎拳、豹拳、鹤拳等。

特定的历史背景下产生的不同分类方法,都存在不同程度的局限性,有的过于简单笼统,有的界定模糊,有的太过片面,不能反映武术全貌,现代武术界长期以来存在"传统武术"和"竞技武术"之分的观点,并且有着广泛的影响。但是"武术运动发展至今,是以多内容、多形式、多类别以及多层次、多功能的特点并又相互紧密联系的整体而显现的"(蔡纲、丁丽萍,2007:66),传统武术中又包含竞技比赛,竞技武术也包含传统项目,武术与体育是交叉而非相属的关系,所以如此分类,交叉重叠内容偏多,界定很是模糊,容易造成混淆。近些年来,有专家学者依据不同的出发点,探讨了武术的科学合理分类,比如单锡文(1995)采用功能分类法,将中国武术分为学校武术、竞技武术和健身武术三大类;邱瑞瑯(2006)建议以"刚柔长短"的分类原则及"大派宜分,小派宜合"的精神,来整合拳种;杨建营(2005),蔡纲、丁丽萍(2007)等主张将武术按照价值功能分为攻防击技、技艺表现和健身养生三类。以上三种分类方法,现在看来,都有过于笼统简单、分类交叉的缺陷,不符合形式逻辑"穷尽母项"的分类规则;曾于久、肖红征(2008)在把武术分为传统、现代武术的同时,将虚拟武术(文学武术、影视武术和动漫武术)收容到武术分类中,形成了传统、现代、虚拟武术三大类，打破了传统分类惯例，具有一定的创新性，但是此种分类依然存在重叠现象。2010年杨建营在分析各种分类利弊基础上，根据形式逻辑二分法将武术运动分为徒手和持械两大类，然后再根据不同标准进行细分（见图2.1）。

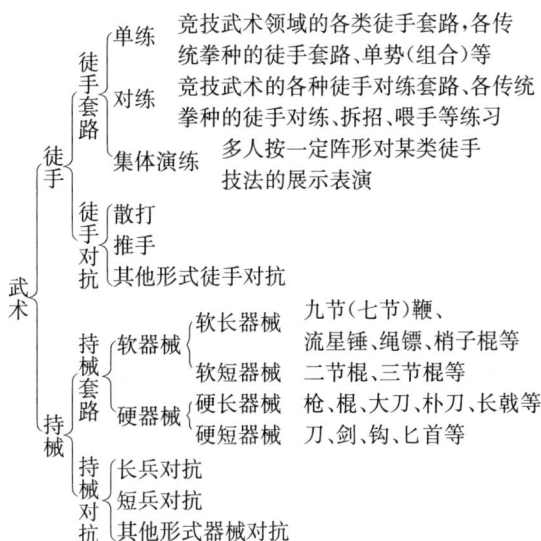

图 2.1　武术分类示意图

由于"没有哪个武术内容游离于徒手和持械这两种运动方式之外"（杨建营，2010:66），所以此二分法清晰明了、涵盖面强，而且与上述武术概念的外延相吻合。此分类法也体现了武术虽然门派林立、套路众多，但是合而不同，杂而不乱，分类逻辑合理，比较可取，可供汉英武术词典目录编排参考。

武术随着人类的发展而发展，并且随着人类的交流而广泛传播，武术作为一种身体运动，在世界各地有着不同的形式。国外武术比较有名的有日本的空手道、合气道、剑道、弓道、柔术、忍术、太气拳、相扑、骨法等；韩国有跆拳道、韩式合气道、花郎道（朝鲜古代武术，跆拳道的前身，但与跆拳道有极大不同，如跆拳道以高腿踢法为主，但是花郎道主张腿不过膝。花郎道20世纪重新兴起）；泰国有泰拳，菲律宾有卡利武术（Eskrima,使用棍棒,刀片和土制武器战斗的武术),印度有一套包含了体能锻炼、呼吸法(与瑜伽有关)、徒手格斗和兵器格斗(棍棒、长刀、斧头、长矛等)的综合训练体系——卡拉里帕亚多,流行于印度尼西亚、马来西亚、文莱和新加坡等地的班卡苏拉(Pencak Silat),法国的法式踢腿术(Savate),巴西的巴西柔术、卡波拉,土耳其的土耳其摔跤,俄罗斯的桑搏,美国的自由搏击,还有欧美各国流行的拳击、摔跤、击剑等。海外武术可以归类于上图分类表中的"其他形式徒手对抗"或者"其他形式器械对抗"中去,可见以上分类法的科学性和包容性。

清楚界定武术的内涵和外延,明确武术的科学分类和涵盖内容,可以为汉英武术词典的收词立目、义项排列等提供参照,并搭建整体内容框架。

2.2　词典相关概念厘清

2.2.1　词典和辞典

辞书界对词典和辞典两个词彼此替用、混用现象一直很普遍。纵观语言辞书编辑领域,诗词、典故、成语、识字、双语等不管是冠名为词典抑或辞典,大多没有认真斟酌,令人茫然不知所措。

对于词典和辞典的区别,有些权威工具书的处理往往含糊其辞。有时候,两者被当作同一概念,比如《现代汉语词典》(2001年修订本)对"词典"的定义是"收集词汇加以解释供人检查参考的工具书,也作'辞典'";同样,《现代汉语词典》第5版对"辞典"的定义:"同'词典'"。也有人认为"辞典"与"词典"属于异形词(意义相同但书写形式不同的词),可以通用。果如此,就无需区分"辞典"与"词典"了。还有人认为大型的要用"辞典","辞典"收词数量多,词目释义详细,检索性强,但知识体系性弱,而如果是小型的就要用"词典","词典"收词少,词目释义简单,知识体系性强,这种观点毫无道理可言。2011年,上海辞书出版社出版的《汉语大词典》,全书23册,是当前世界上规模最大的汉语语文工具书,共收45 500余条目,约5 330万字,2 250余幅插图。但是并没有因其大,而不叫词典。由此可见,以上讨论虽各具有一定道理,却不足以服众。

从"词典"和"辞典"的构词看,"词"即"词语、言词",是语言中最小的独立单位;"辞"是指"言辞、辞藻、文辞",与文体相关。所以,词典是解释"词语、言词"的工具书,而辞典不仅要解释"词语、言词",还会涉及语境、语体或语用等范围更广的百科信息。

本书讨论的工具书以收录武术词目为主,最小的独立表达单位不仅是词、词语,还包括口诀和谚语等"超词语"但却同样不可拆分的单位;此类工具书属于专科性(武术)、语文性(语言翻译释义),无须过多关注文辞、语体等信息,所以笔者倾向于使用"汉英武术词典"而不是"汉英武术辞典"。

2.2.2　词典用户和读者

通常词典使用者"不会把词典从第一页读到最末一页,而是查阅单个词目"(兹古斯塔,1983:15),所以对于词典"用户"和"读者"两个词,哪个更合适的问题,答案是不言而喻的。章宜华(2011:20)对此也做出了很好的诠释,词典是"供人们在工作和学习中为求解语言问题查阅用的,而不是用来通读和欣赏的——很少有人会从头到尾阅读一部词典(除非有特殊的需要或爱好),因此词典的服务对象常被称之为'用户'(user),而不是习惯上所说的'读者'(reader)"。

故本书与词典密切相关的术语统一采用"用户"一说,但在文中术语和观点引用中,按照原文作者用词"用户"或者"读者"。

2.2.3　词目、词条和条目

辞书界的另一个乱象是词条、词目和条目的混用,三者之间有什么区别呢?具体所指一样吗?对比《当代汉语词典》(国际华语版)和《现代汉语词典》(第6版)的定义如下。

《当代汉语词典》(国际华语版):

词目　辞书中每一个注释的词语条目

词条　词典收集的词目及其释文

条目　按内容分条列举的细目

《现代汉语词典》(第6版):

词目 辞书中作为注释对象的词语。

词条 辞书中由词目和对词目的注音、解释等组成的一个个的条目。

条目 ① 规章、条约等的项目:分列～。

　　　② 特指词典中的词条。

由此可见,对于三者的区别,语言词典阐述清楚,"词目"是"被注释的对象","词条"是"词目"加"释义"等内容的一个总条目,"条目"不仅是词典的"词条",也可以是规章、制度、计划等的项目。三者各有所指,内涵和外延清晰,不应该混为一谈。

因此,为了行文清晰,概念明确,本书使用"词目"或"词目词"指代汉英武术词典中每一个"被注释的对象",包括武术谚语、歌诀等语句,使用"词条"指代"由词目和对词目的注音、解释、插图等组成的条目整体",而尽量不用非词典学专有术语、且词典研究中较少使用的"条目"。

最后,由于双语词典的词目释义本质就是翻译,所以,本书中出现的无论是翻译,还是译义,甚至是释义,都指向同一概念,即在双语词典中用目标语来解释源语词目词。

2.2.4　积极型和消极型

按照编纂目的,将词典划分为积极型和消极型,这是现代词典学的一大进步。此分类思想最早源于俄国谢尔巴院士(1936年)在《俄法词典》前言中所提出的理解话语与生成话语两个视角。由于人类的言语交际活动大致可以划分为理解话语(比如听、读等言语输入活动)和生成话语(比如说、写、译等言语输出)两种不同的方式,所以编纂目的是为用户理解话语服务的词典被称为消极型词典(passive dictionary),而为词典用户语言产出活动服务的词典则被称为积极型词典(active dictionary)。

我国词典界学者也逐渐意识到了这两种类型词典的区别和对词典编纂的影响:消极型词典遵循传统的词典编纂原则,一般采用词汇列表(glossary)形式,收词范围广,主要供索解词义用,而积极型词典则以用户为本,选择性收词立目,描写语词,主要为指导用户正确地理解和使用语言,以保证交际的顺利进行(陈楚祥,1997:35;罗益民,2003:32;陈玉,

2005:44 等)。由于对用户语言生成的积极作用,积极型词典又被称为编码型(encoding dictionary)或者产出型词典(productive dictionary)。对双语词典而言,只要能帮助词典用户将源语翻译为外语的产出性活动,都属于积极型(Hartmann & James,2000:3)。

传统消极型词典的主要功能是查询词义,所以常常采用汉英词目对译列表的方式编排,偏重于为源语寻找目的语的对应词,而常常忽略了深藏于源语背后的大量文化、语言、百科信息。以"白眉拳"为例,《汉英英汉武术词汇》和《汉英英汉武术常用词汇》都将其译为:

白眉拳 white eyebrow boxing

释义"white eyebrow boxing"会令读者茫然不知所云——"白眉拳"到底是一种什么样的拳种? 特点是什么? 起源于何方? 一系列的问题都未能说明,所以只是一种消极释义。而如果能补充以下描述,词义会立时清晰起来:

白眉拳 white eyebrow boxing: a style of *Nanquan* which is popular in Sichuan, Guandong, Hong Kong and Macao. It is characterized by its diverse hand techniques and close cooperation of the body and step.

前面两部词典的消极型释义信息不能自足,只关注了对源语的简单理解和为目的语寻找对应词,类似的简单信息根本不能满足用户全面理解和进行积极言语活动的需要,而且一些非完全等值的对应词容易误导用户,所以积极型词典对词汇单位的释义总是想法克服只提供词汇层面解释的局限,以囊括必要的语言和文化信息。如果词典只是消极释义,配以简单对译词或词组,只提供最低限度的信息,将会削弱词典的释疑解惑功能,造成用户理解困难甚至误解。

消极型词典为了满足用户查询词义需要,"在语词的收录和描写方面,历史跨度较大,涉及的面较广"(陈楚祥,1997:35)。不加甄选的收词立目,比如汉英武术词典中收录一些过时的词语(如走镖、拜把子),或者过多百科词汇(如锦标赛、集体项目),往往造成收词失衡,伤害词典的专业性。此外,消极型词典大多采用传统的排序方式,比如形序、音序排列法,词目采用列表形式,如此一来,割裂了互相关联的词目,比如"左弓步"与"右弓步""两节棍"与"三节棍""收势"与"定势"等,如果按照传统排序,分列于词典的不同位置,自然不利于词典用户的系统学习和理解。

Al-卡希米(Al-Kasimi)把服务于用户理解原文本的消极型词典称为理解型词典,而把帮助用户编码交际的积极型词典称为产出型词典(1983:20)。但事实上,由于编排和释义的缺陷,消极型词典并不对用户的"理解"负责,准确地说,它只是一种查考型词典。

为克服消极型词典的上述弊端,积极型词典从词典用户角度出发,以便捷的检索编排方式、以用户理解运用为本的释义形式向目标用户提供所需信息,突出其用户友好性。现代汉英武术词典不仅关注用户"解码"需要,更要重视词典"编码"功能,以顺利实现跨文化交际。因此,本书将所服务建设的汉英武术词典限定为"以词典用户为中心,科学收录,检索方便,诠释准确到位,理解和使用并重"的积极型词典。

2.3　武术词典编纂综述

20世纪80年代,吴莹在论述双语词典的收词、释义等时就提出,单语词典的编辑大多是本族语的业内专家,熟悉词典收录的领域,所以双语词典可以"参考规模相仿的同类型来源语原文词典"(1985:115)。下文试图通过分析汉语单语武术词典的编纂经验和不足,为汉英武术词典的编纂提供借鉴。

武术是民族特色鲜明的非物质文化,其继承与发展一靠武术传人,二靠武术典籍,尤其是功能齐全、收录完整的词典。为了发扬武术文化,响应1980年代始的武术热,国内掀起史无前例的武术辞书出版潮流。影响比较大的有1986年出版的《武术小辞典》(吕光明,湖北教育出版社,以下简称《小辞典》),1990年的大型武术工具书《中国武术大辞典》(马贤达主编,中国武术大辞典编委会编著,人民体育出版社,以下简称《大辞典》)以及1998年的《中国武术百科全书》(张山等,中国大百科全书出版社,以下简称《百科全书》)等。这些词典的出版,打破了长久以来武术工具书市场的静寂,对系统整理、传承武术知识,以及武术词典编辑理论建设,都具有一定的促动作用。

为了系统了解三部代表性武术词典的编纂情况,列表对比(见表2.1)。

表2.1　主要武术词典信息对比表

	插图	词条	页数	总字数 (千字)	内　　容	词目 排序	出版 时间
武术小辞典	0	700多条	283	195	武术知识、基础动作、拳种介绍、器械种类、竞赛裁判、武术人物和武术表解7类	笔画	1986
中国武术大辞典	1 000余幅	8 000余条	118	1 600	一般词汇、拳种、兵械、套路运动、基本技术、基本技能、基本技法、功法、养生、保健、教学、训练、组织机构等16类	分类	1990
中国武术百科全书	1 611余幅	1 558条	723	1 200	武术基本理论、武术史、拳种、器械、术语技术功法、管理制度、教学训练科研竞赛、典籍与书刊、人物等9个分支	分类	1998

从收词立目看,《小辞典》短小精悍、内容比较全面,作为早期尝试武术词典编纂的先锋,的确是一部不可多得的武术专业工具书,为之后武术知识的汇编整理起了很好的模范带头作用。但《小辞典》也存在一些不尽如意的地方,比如,"干橹""工步""布候"等生僻武术用词过多,有的词目解释过于繁琐,比如"梅花桩""八卦掌""一路华拳"等单个词条甚至超过一页书稿,挤占了小辞典本来就不大的篇幅。

作为三十几位武术家和武术理论工作者集体劳动的结果,《大辞典》的确是"力求反映中国武术的历史沿革和理论、技术体系,尽量做到包罗武术领域常见的词汇、用语"(凡例),收录了8 000余词条,相比另外两部词典(分别为700多,1 558条),极大扩容了收词量。而且《大辞典》的收录注重专业性、规范性,多收录常用词目,"与相邻学科交叉的词条",而且"与武术有密切关系者,释文亦偏重于武术学科的要求"(凡例)。这些应该是《大辞典》至今一直被视为业界权威的一个重要原因。

1998年出版的《百科全书》虽然"力求涵盖中国武术的历史沿革、基本理论、拳种器械……等广泛知识领域","列有全部条目的分类目录,便于读者了解武术学科的概貌"(凡例),但却总框架失衡,收词杂乱,"阴""阳""无极""太极""有极"等基础词汇难觅,"器械"介绍长篇累牍,"管理制度""典籍与书刊"等板块占用篇幅太多。

在分类立目上,三部词典都存在交叉重叠现象,比如《小辞典》中南派拳与北派拳列在武术知识板块,但是南拳与北拳列在拳种部分,虽然两者略有区别,但是对于武术外行或者不熟悉武术支派的人来说,无疑加大了索引困难。《大辞典》的某些板块,比如"基本技术""基本技能""基本技法"类似同义的表达无疑也会给人以分类模糊的印象;《百科全书》虽力求涵盖广泛知识领域,但是事实上,其依据不明的分类体系令用户更是无所适从,其中的武术科研部分只有一个词目——"武术科学研究",以5页的篇幅讲述了武术从古代到现代的研究成果以及未来的发展趋势,这部分是否可以简化并入"武术史"部分,是值得商榷的。其实《大辞典》的编辑们已经清醒地意识到"这门学科的内涵与外延的界限至今并没有得到明确"(中国武术大辞典·前言)是时下各武术词典内容分类混乱的主要原因。

从宏观结构看,《小辞典》编排的最大的优点是整体性强,词条内部设置了大量的参照和引用内容,按照笔画排列的词类目录(一)和按照所属类别归类排列的词类目录(二)互相照应,不仅有利于用户检索,更有利于扩展武术认知内容,系统武术知识。但是《小辞典》的附录"武术表解"部分所占比重过大,内容庞大,擒拿方法、长拳规定套路内容、名次评定、参加人数统计表等林林总总,占用49页(221—259页),几近整个词典的17%。词典的功能主要是解决词目问题,所以有的附表可以删去,以成就名副其实的小辞典之功能。

《大辞典》的索引系统和词目编排在延续之前武术词典传统基础上,有了很大的创新:采用复合索引系统,词目排列是以内容分类为主,按照不同内容分为16类,用户查询时,先要明确条目类别,而后到目录的相关部分查找,各个类别里的条目是按照第一个字的笔画顺序排列的,如果第一个字相同,则按照第二个字的笔画顺序排列,以此类推。此种排序法使得词典各部分内部词目井然有序,不会像《小辞典》之类的单一排序造成人名、器械、拳种、口诀等混杂在一起。《大辞典》的附录除了笔画笔顺索引外,还加了汉语拼音索引,方便了各种方式的查询。

《百科全书》最可称道的是其科学、系统的编排体系。《百科全书》开篇是条目分类目录,"各分支所属条目,按层次顺序排列"(目录),例如:

拳种······························86

  长拳···························86

    查拳·······················86

    花拳·······················88

    三皇炮拳·················88

这种阶梯式编排方式,清楚地展示了武术各门类内部条目之间的所属关系,方便词典用户系统了解武术概貌,按知识门类定位词目、索解词义。词典后面附有的汉字笔画和汉语拼音条目索引,为用户提供了多渠道的检索方式。《百科全书》无疑对之后的武术词典结构编排具有重要的启示。

从微观释义看,《小辞典》释义采取先定义,然后概括性定性说明,最后叙述详义的方法,力求清楚概念的内涵外延。其词目释义中的动作解析和文化知识阐释,起到了最佳诠释效果,以"扑虎"和"净鞭"为例:

扑虎:动作名称,属于武术跌扑滚翻类动作之一。

两腿并拢屈膝半蹲,两臂后斜伸,掌心相对(或向上);两脚蹬离地面,直腿上摆,两臂前摆伸直,全身腾空;两手着地,两臂屈肘,接着胸、腹、大腿和小腿依次着地。

净鞭:中国古代鞭名,朝会开始时用作信号的鞭,称为净鞭。

相传用黄丝编织而成,鞭梢涂蜡,打在地上发响。朝会时朝臣列班,由侍卫先击鞭示警,皇帝随而驾出。也叫静鞭。《元曲选·马致远·陈搏·高卧·四》:"早听得净鞭三下响,识甚酬量"。

《大辞典》释义采用现代汉语,字形参照1979年版的《辞海》,在注释古代武人、事物、兵器时,保留了个别古体字。这种与时俱进的精神在尊重保留武术传统文化的同时,促进了武术的新生。辞典继承了之前武术词典的传统—意义互相关联的词目,一般采用"参照"的方法,以帮助用户建构相关词目的知识体系。尽管《大辞典》被尊为史上最权威武术词典，但还是百密难免一疏，终究存在些许瑕疵。比如前后矛盾之处：在"组织机构"类别中的第 69 页有词目"回民武术社"，注明"参见第 396 页"，但是第 396 页里只有"四民武术社"而没有"回民武术社"。到底是"回民"，还是"四民"？据考证，应该是"四民武术社"。此外，"一般词汇"第 23 页"磕头递帖"词目注释是"旧时习武者拜师的一种形式，帖以红纸写成，第一页写生徒某某顿首拜，第二页写生徒父母姓名、年龄、籍贯、住址，最后写当时年月日……将帖呈交师父，这种形式着浓厚的封建色彩，已渐渐被武术习传者遗弃"。"封建"和"遗弃"两个词，属于主观意识浓厚的词，使用是否合适，值得商榷，词典作为一个权威查询工具，应保持其客观中立的态度。

《百科全书》词目释义继续采用由总到分、分步进行的策略，先做笼统的定性描述，然后根据需要分类，分类说明。以"抱刀"为例：

抱刀 刀法之一。动作为：左手持刀，刀背贴靠左臂。分为①立抱刀……②平抱刀……

这种条目释义方式符合人从笼统到具体的认知规律，有助于词典用户对概念科学、完整的把握。但是《百科全书》还是以谬误、内容矛盾、体例不科学等硬伤而备受指责，比如周伟良（2014）就曾公开指出《百科全书》所存在的主要问题：概念释义及逻辑悖谬、各色常识性错误、明目张胆的显性抄袭等，在此不赘述①。

《大辞典》一个重大突破就是采用了兵械形制图、典型拳式图、基本技术动作图、人物头像图等 1 000 余幅插图。插图都是简笔画形式，简洁利落，生动易懂，免却了极尽口舌之能事也难以叙述清楚的性状、动作，是对条目正文的有效补充。如图 2.2 是"乌龙绞柱"的解释和图示。《百科全书》继承《大辞典》的传统，随文配有技术功法、拳种器械等黑白图 1 611 余幅，及文化产品、武术盛会和交流活动等彩色插图 307 幅，审美又实用。

---

① 详见周伟良：《盛名之下，其实难副——评〈中国武术百科全书〉》，《社会科学评论》2004 年第 1 期。

　　乌龙绞柱　简称"绞柱"。有"硬绞柱"和"软绞柱"两种做法。"硬绞柱"是经两腿依次沿地面水平画圆带动身体侧滚后上举腿成肩颈倒立的动作。做法是用左腿卧撑,上体向左倒至左肩着地时右腿由左向右水平画圆,左腿随之也做由左向右的水平画圆,带动身体右滚至肩颈着地时两腿猛力上举绞绕成肩颈倒立。"软绞柱"是两腿水平画圆带动身体向右滚动一周绞腿成坐。

图2.2　"乌龙绞柱"图示

　　辞书,如文章,"乃经国之大业,不朽之盛事"(曹丕,《典论·论文》)。上述三部武术词典在编撰中注重内容的客观性、编纂的科学性和时代性,破除门户之见,对民间武术进行抢救性的挖掘整理的同时,又融入了当代武术研究成果,对于武术的流存、宣传和发展影响深远。其所采用的复合索引系统、分类编排、科学收词、递级释义、辅助插图、相互参照等为武术汉英词典的编纂提供了良好借鉴。

　　但是汉英武术词典作为专科双语词典,与单语词典的目标用户、编纂目的有很大的差别,所以汉英武术词典要根据汉英语言的特征、词典的编纂目的和用户需要,科学、规范地搭建词典框架结构,选择、分析、改编和翻译词目,而不要简单地翻抄单语词典的内容和框架,以使词典更具"用户友好"性,满足用户理解和学习需要。世上不存在十全十美的词典,每部词典几乎都有些许瑕疵,所以汉英武术词典在蓝本选择上也要多借鉴几部时下的权威或流行的单语(汉语)武术辞书,"择其善者而从之"。

2.4 汉英武术词典编译综述

相对于近几年如火如荼开展的武术翻译研究,我国汉英武术词典的编译工作一直比较薄弱。20世纪中后期,国内外双语词典编纂理念的日渐成熟,各类双语专科词典编译的尝试为汉英武术词典的编译提供了良好的理论借鉴和实践思考。1988年吴必强主编的《汉英武术词汇》和1989年解守德、李文英的《英汉汉英武术常用词汇》相继问世,迈出了汉英武术词典编译的第一步。2007年段平主编的《汉英英汉武术词典》由人民体育出版社出版,这部词典被誉为当前最新、最权威的汉英武术词典。1991年香港出版的《汉英—英汉武术气功词汇》(刘仕彦、褚岩鹏,中华武术研究所)在国内外市场已难觅芳踪,影响力相对薄弱,而且局限于气功项目,是故下文分析汉英武术词典的编译情况时,不再涉及,而主要以其他三部为主。

三部汉英武术词典开创了系统性武术外译之先河,为武术译介做出了卓有成效的探索。下面先从总体分析三部词典的发展和改善:

从词典用户定位看,改革开放后,"随着武术对外交流的发展和推向世界,急需有一本较为普及、实用的语言工具书"(《汉英武术词汇》·序),《汉英武术词汇》应时代需要,随之面世。本书在内容简介部分声明本书"可供科研、教学、翻译、情报资料人员和体育院校师生等使用",可见,其主要面对的是国内本族语用户,为研究、教学和武术外宣服务。随后诞生的《英汉汉英武术常用词汇》在序中明确指出此书是"供中外武术推广者和武术爱好者所用",可见,此书的目标用户已经把外籍人士考虑在内,编纂目的是一本双向工具书(既服务国内用户的内向型,又服务国外用户的外向型)。之后,为迎接武术被确定为2008年北京奥运会武术特设项目,人民体育出版社组织编译了《汉英英汉武术词典》。此书虽然没有明确说明目标用户,但是在前言中有这样的表述"为适应武术已从中国走向世界,并成为国际体育比赛的正式项目之一的形势,急需有一本便于从事武术工作,尤其是从事武术队伍交流和翻译工作者学习、使用的汉英英汉对照的武术辞书"，在汉英双语的序、前言和使用说明中，又特意提到，使用条目英文索引和插图的目的是为帮助外国用户学习中国武术，所以，《汉英英汉武术词典》用户包括中外武术交流和翻译研究人员。

由此可见，三部词典的目标用户根据时代变化，稍有区别——国内外武术工作者、爱好者，包括科研、教学、翻译和体育院校师生等。目标用户定位决定着编纂结构和释义方式等词典的各个方面，目标用户定位过于狭隘，会丢失部分潜在用户群体，过于宽泛，则针对性不强，使词典编纂原则不清、方向不明，从而导致词典缺乏针对性、实用性。

从编排体例看，三部词典各不相同。由于《汉英武术词汇》的目标用户只是本族语言使用者，所以词典打乱了所有武术项目的分类，完全以汉语拼音为序，词目释义包括词目词、汉语拼音注音、对应译词。这就忽略了一个事实：即使是本族语用户，也会有很多人不懂武术知识和分类，所以虽然《汉英武术词汇》的检索方式对于目标用户完全没有障碍，但是不利于用户形成系统的武术知识。《英汉汉英武术常用词汇》区分不同的用户群，"汉英部分根据分类按照英语字母顺序排列，英汉部分只按英语字母顺序排列，每个词、词组和短语后面注有国际音标"（前言），词目释义由三个模块构成，汉英部分为汉语词目词、英语对应译词、国际音标；英汉部分为英语词目词、国际音标、汉语对应译词。可见，本书编辑有意识地照顾了国内外用户的认知水平和语言习惯。《汉英英汉武术词典》在吸收《英汉汉英武术常用词汇》的分类编排基础上，有了很大的改进，在12大类基础上，根据各类武术词目的功能和特点，又分为若干个亚类，条目分类目录收入各个层次的分类标题，方便用户查询。而且不同于80年代的两部词典，《汉英英汉武术词典》的版面安排颇费心思，正文每页两栏，节约成本，信息容量大。前页材料包含不同武术种类（如少林棍、八卦掌、查拳、昆仑刀等）和盛会的彩图，这种直观形象的方式有利于词典用户了解武术、喜欢武术。另外，《汉英英汉武术词典》的检索方式考虑到了外国用户学习中国武术的需要——在正文后面设立条目汉语和英文双语索引，为他们使用词典学习中国武术提供了方便。

在收录内容上,《汉英武术词汇》是一部汉英对照的小型武术词汇手册,内容分为名词术语、拳种套路、基础动作、攻防技术等 8 类 3 000 个词条,12 万字,全书 173 页;《英汉汉英武术常用词汇》包括一般词汇、拳术、器械、经络与穴位名称等 9 类武术常用词目,550 千字,全书共 305 页;《汉英英汉武术词典》包括一般词汇、基本技术、功法、拳种、武术器械、歌诀与谚语等 12 类 3 000 余词条,401 页,550 千字。三部词典有重合(比如拳种、技法)也有创新(比如经络与穴位名称、歌诀与谚语),为之后的双语武术词典收录内容提供了依据。

从微观结构的词目释义看,《汉英武术词汇》只是一个小型的武术词汇的汉英对照清单,严格来说,只是一种辞书的最初形式——武术词集或词汇表(glossary),算不上真正意义上的双语词典,但是作为双语武术词典界的开山之作,难免周全,其功在千秋、利在后世。《英汉汉英武术常用词汇》对于一词多译,特意筛选剔除了离意较远的译法,而且说明了编译时的两种形式,"一种是音译,一种是意译,一般姓氏、地名、人体穴位或英语没有相对应的词用音译",比如地名、穴位或英语没有对应词的用音译,其他以理解为主,大多采用意译,可见,对词目释义已经有意识地要确立翻译中应该遵循的原则。在此基础上,《汉英英汉武术词典》进一步完善了双语武术词典词目翻译的策略,在使用说明中明确阐述了六条翻译原则,为武术词目规范、科学的翻译提供了标准和依据。另外,《汉英英汉武术词典》的词目释义还有两个亮点:一是词目翻译不仅包括汉语注音和对应译条和阐释,对于部分器械和难以理解的动作还附有大量黑白图片,作为文字说明的补充,这可谓是汉英武术词典的突破性创举;二是在为词目释义寻找对应词的同时,也增加了词源、文化阐释,方便词典用户真正解其意。可见《汉英英汉武术词典》有从消极释义向"以词典用户为中心"的积极转变。

综上所述,三部词典的付梓填补了国内空白,在用户定位、收录内容、编纂体例、检索方式和版面安排、词目翻译等方面逐版改进、刻意创新,为未来双语武术词典的编译提供了基准和参照。

20 世纪中后期,尽管国内双语词典的编纂和出版开展得轰轰烈烈,但还是存在编排失当、对译不足、自定译名、图文不符、缺少原创性等不少问题（章宜华、黄建华，2000；徐海、黄建华，2000；黄群英、章宜华，2012）。与其他类型的双语词典编纂相比，汉英武术词典编纂起步晚，发展慢，而且因武术和外语的复合型人才缺乏、武术概念模糊、分类繁杂等原因，其编纂和翻译的问题尤多，总体质量尚有很大的改进空间。三部汉英武术词典的问题与不足分析如下：

首先，汉英武术词典编纂先行，理论研究滞后，编纂实践与理论研究的脱节现象普遍存在。国内虽然已经出版了几部汉英武术词典，但是相关理论研究工作一直未能及时、有效地紧跟上实践。尽管国内外词典学界对双语词典的理论研究提供了很好的编译借鉴，但是双语武术词典编辑和研究人员各自为政的两套班子，使理论和现实的脱节不同程度地存在于这些词典中，导致学术研究和汉英武术词典编纂实践各行其是，现有的语言理论、词典学理论、翻译理论等不能得到很好的应用，或多或少影响了汉英武术词典编译质量的提升。比如某些武术术语的概念和释义含糊，《汉英武术词汇》的"下关"（xiaguan）和《英汉汉英武术常用词汇》的"大包"（dabao）令人丈二和尚摸不着头脑；还有将"麒麟步"和"剪步"都翻译为"follow-up steps"，而两者是否一致，也未有参照信息解释，这是典型的由于缺乏词典学理论指导而导致的释义信息混乱或缺失。

其次，和单语汉语武术词典一样，三部词典都有武术概念不清、词典类型模糊或淡薄的现象，以至词典总体框架失衡，收词过泛或残缺，语义或文化信息遗漏。总体框架不平衡，比如《汉英武术词汇》有 26％的篇幅是竞赛场地图、队列用语、和武术竞赛图报名表、记分表、成绩记录单等附录信息；《汉英英汉武术词典》的人物介绍有 69 页之多（215—283 页）。收词不科学，"迟钝""暴露""帮助""照明""到场"等日常通用词汇赫然在列，而缺少与日常武术息息相关的术语，比如《汉英英汉武术词典》就缺少 24 式太极拳的两个基本招式（左/右下势独立）和十字手。这些过于宽泛的收词不仅不能体现汉英武术词典的专科属性，同时挤占了更多专业武术词汇的收录，而残缺收词，则影响了词典的专科性和权威性。

而且，对比三部词典，虽然表面上看，书页一个比一个多，类别一个比一个广,但事实上,收词都停留在 3 000 词条左右,而且各汉英武术词典内容重复率高,这一方面说明武术学科术语的稳定性,另一方面与单语武术词典 8 000 左右的词条相比,双语词典收词量远远不够,达不到专科词典要求。而且,从各词典收录的内容类别可见,后世词典没有完全借鉴吸收先前的优秀成果,比如《汉英英汉武术词典》没有收录《英汉汉英武术常用词汇》的"常用人体部位、经络及穴位名称",而这部分是养生武术的重要术语。一般情况下,词典收词标准应该考虑的因素有词的固定程度、使用频率和使用范围,专科性词典还要考虑词的专业性。以《汉英武术词汇》为例,笔者通过北京大学中国语言学研究中心和国家语委的两个现代汉语语料库查询其收录的"距离"一词,两个语料库前 100 条的距离用词都和武术无关,然后选择"在结果中查找""武术"一词,北京大学中国语言学研究中心的语料库中收录的"距离"的 500 条语料,只有 3 条和"武术"相关。通过语料库搜索,我们可以很明显得出以下结论:"距离"一词不属于武术领域的固定用词,使用频率低,范围小,而且专业性不强,不宜列入专门性词典。同样,本词典收录的"俱乐部""9 米直径画圆",《英汉汉英武术常用词汇》的"喊""前额"等术语亦如此。所以从学科知识覆盖面、收词专业性来看,要成为一部名副其实的专门学科双语工具书,汉英武术词典有待兼收并蓄、甄别筛选。

再次,三部汉英武术词典的释义问题很多。《汉英武术词汇》和《英汉汉英武术常用词汇》都只给出了词目对应词,属于消极型词典,不利于词典用户的积极解码和编码。《汉英英汉武术词典》根据词典文本的特色,在使用说明中列出了六条翻译原则①:

(1) 词条译文一般采用名词、名词短语或动名词词的形式;歌诀和谚语一般采用句子的形式。

(2) 为了节省篇幅并使之简明,在不影响语义的前提下,词条译文一般省去冠词。

(3) 对一词多义者,一般分类 1)2)3)……进行叙述。

①　《汉英英汉武术词典》使用说明中的"词条"一词包括"词目"和"词条"的概念。本节为行文方便,随文用"词条"。

（4）对于释义相同的条目，只撰一条译文，其他列"同……条"。

（5）对于历史上已经有不同译法的词条，将其不同译法均收入词典。

（6）对于英文中无对应词语的词条，一般采用音译加英文注释的办法，音译词一律用斜体。

六条使用说明详细阐述了《汉英英汉武术词典》词条释义的指导原则，但是这个指导原则离系统性、科学性尚有一段差距。首先"词条译文一般采用名词、名词短语或动名词词的形式"，如果词条本身是动词（搬拦锤、双峰贯耳、顺水推舟），或者是主谓宾结构（仙人指路、浪子戏球、百鸟朝凤），也"采用名词、名词短语或动名词词的形式"是否违背忠实性原则？

其次"为了节省篇幅并使之简明，在不影响语义的前提下，词条译文一般省去冠词"，众所周知，代词修饰名词时和冠词所起的作用一样，既然冠词可以省略，那么代词是否也要省略呢？比如下面"狮子张口"的翻译应该从哪一种版本为佳？

（2-1）Lion opening its mouth

Lion opening mouth

Lion opens its mouth

Lion opens mouth

显而易见，根据上述翻译原则，难以确定哪一种翻译更合适，所以，汉英武术词典的翻译原则，有待于进一步探讨。

在具体的词目释义上，三部词典误译、错译、乱译现象颇多。比如《汉英武术词汇》收录的"打"翻译为"swat"，能翻译为"打"的英语对应词很多"strike""hit""beat""smash""play"等，"swat"的本义是"hit swiftly with a violent blow"（迅速重拍，猛击），那么，属于武术专科词汇的"打"（swat）一定是"迅速"的"重击""猛拍"？不能不令人怀疑。《汉英武术词汇》中"摆拳"译为"swing"，未有体现"拳"，"swing"译为"摆腿"也未尝不可；"败北"译为"bow"，"bow"只是比武输了后所行的礼，不能用来表述"败北"输的含义；而不同词典对同样的武术术语翻译不一的现象更是难以计数，比如"崩枪"在《汉英武术词汇》中是"burst fist"，在《汉英英汉武

27

术词典》则是"flipping spear";"四击"在《英汉汉英武术常用词汇》《汉英英汉武术词典》中分别译为"four blows""four skills of attacking(kicking, beating, throwing and capturing)"。词目翻译不到位、语义或文化信息遗漏现象也很普遍,比如"十二型"(12 forms),"哪吒闹海"(Nata explores the sea),没有语义阐释的"十二型"和不含文化内涵信息的"哪吒",译犹未译。虽然《汉英英汉武术词典》探微发新、钩沉索隐,被视为当今收词最全面、释义最权威的双语武术词典,但是在词目释义方面尚有很大的改进余地,仍需科学设计、拾遗勘误。

再次是汉英武术词典编译蓝本含混的问题。双语词典"以单语词典为蓝本,将其词条全部或部分地译为另一种语言"(Hartman & Gregory, 2000),蓝本的选择是优秀双语词典编纂的首要因素。汉英武术词典一般选择某一部或两部单语词典为蓝本,对其词条信息进行编辑翻译而后加工而成,所以说,蓝本的选择对于汉英武术词典的成功与否起着至关重要的作用。这三部词典只有《英汉汉英武术常用词汇》在前言中清楚地表述了词典参照的蓝本依据——"中国武术研究院编写的推广教材《武术》,《1886 年国际武术教练员训练班教材》,中国武术协会编写的《1987 年国际武术裁判员训练班教材》,以及香港地区和外国出版的《中国功夫的训练法》《自卫术》《太极拳》《黑带》(Black Belt)、《功夫》(Inside Kung-fu)等"。当时虽然已有好多部专门的武术单语词典,但是显然没有当作蓝本借鉴。

最后,需要注意的是,国内出版的这些双语武术词典,大多是由武术专业人士编写,比如《英汉汉英武术常用词汇》的主编"解守德、李文英是北京体育学院专攻武术的毕业生,已经从事武术编辑工作数年"(序)。一般认为,专科性较强的双语词典编辑的最佳组合是专科+外语,比如实行词典编纂者与目的语审校者的合作。双语武术专科词典对编辑人员的要求相当高,现在虽然有些编辑是本专业领域内的杰出专家、学科带头人,但对外语缺乏系统深入的知识,而且大多对词典学的了解犹如一张白纸。所以形成有领军人才牵头的一支水平高且互补性强的编辑队伍,是双语武术词典一个棘手却亟待解决的问题。

金无足赤,总体而言,三部词典存在的缺憾,具体可以概括为:一是编纂实践与理论研究的脱节,二是由于缺乏词典学理论指导,收录不符合辞书编纂的要求,总框架失衡,收词过泛或残缺;三是翻译原则不系统,专业术语翻译不规范、不到位,误译乱译现象普遍,语义或文化信息遗漏等;四是词典编译蓝本不明确,词典编纂人员构成不科学等。这是汉英武术词典的再版或改版需要借鉴之处。

当前的汉英武术词典尚未达到至臻至善的程度,仍有很大的改善余地。唯有利用现代词典学、语言学、翻译学研究成果,不断营缮斧正,及时升级换代,才能使汉英武术词典保持生命力。

不难想象,在国内外汉英武术词典的编译和出版寂寥环境下,汉英武术词典研究更是稀少,几近空白。笔者发表的《〈汉英英汉武术词典〉翻译得失论》(2012)、《论〈汉英英汉武术词典〉的宏观结构》(2013)以及《论〈汉英英汉武术词典〉的微观结构》(2014),虽然见解粗陋,却不失为本领域的一次有意义的尝试性探索。汉英武术词典编译理论研究任重而道远,希望借此引玉之砖,让更多的有志之士加入民族文化和武术推广研究。

2.5 武术翻译和研究概述

2.5.1 武术翻译概述

武术的国际化推广是当代武术发展的历史使命。"名不正则言不顺",武术术语比如踢打摔拿跌击劈刺等攻防技术,以及步型、手型、器械和口诀等属于武术的核心内容,其准确、规范的翻译是武术国际化推广的基础。但是,正如杨耀华(2014:713)所指出:"语言隔阂是武术文化国际化传播的藩篱",东西方语言文化的差异往往造成翻译的理解困难甚至误会,难以顺利开展武术国际化交流,武术翻译是武术走向世界的最大瓶颈。

最早向国外推广中国武术的作品是李小龙编著的《中国功夫——自卫的哲学艺术》(*Chinese Gung-Fu: The Philosophical Art of Self*

Defense），该书系统介绍了武术基本技击术、阴阳理论、训练方法和武术流派等，自 1963 年在美国首次出版后，又接连在 1987 年、1988 年再版发行，迄今为止印刷 20 余次。1980 年代香港地区出版的英汉对照版《中国功夫》丛书（Chinese Kung-fu Series）和 1986 年中国武术研究院编写的第一本英文版武术推广教材《武术》），以及当前国外发行的《太极拳》（*T'AI CHI*）、《黑带》（*Black Belt*）等杂志进一步推动了武术翻译的发展（罗永洲，2014）。

20 世纪 70 年代就移居美国、教授杨式太极拳、少林长拳和白鹤拳的杨俊敏（Jwing-Ming Yang）先生著作丰厚，《太极擒拿：太极拳的抓取艺术》（*Taiji Chin Na: The Seizing Art of Taijiquan*，1995）、《太极拳，传统杨式风格的完整套路和气功》（*Taijiquan, Classical Yang Style The Complete Form and Qigong*，1999）、《太极气功的本质：太极拳内在的基础》（*The Essence of Taiji Qigong: The Internal Foundation of Taijiquan*，1998)等近 30 部著作在国外颇有影响，他还录制了无数的 DVD 光盘，用英语（并附有英文字幕）对每个动作进行了深度解析，为武术传播作出了巨大的贡献，可惜国内市场难觅。

世纪之初，外文出版社组织出版了中国文化英译丛书，其中包括周之华的《十分钟学会少林拳》（*10-minute Prime Shaolin*）以及周庆杰的《十分钟学会中国功夫》（*10-minute Prime Chinese Wushu*）和《十分钟学会气功》（*10-minute Prime Qigong*）等武术简介作品。2012 年邱丕相和朱为模合著的 *Tai Chi Illustrated: For Greater Balance, Relaxation, and Health*（《太极图解：改善平衡，放松与健康》），由美国人体运动出版社（Human Kinetics）出版，也已全球发行。这些译著以传播中华文化为使命，对武术翻译进行了积极有效的探讨。

出于对中国武术的热爱，一批外国人也悄悄加入武术译介。著作最多的是 1975 年开始习练太极和气功的詹姆斯·德鲁（James Drewe），作品有《太极》（*T'AI CHI*，2002）、《32 式太极剑》（*Taiji Jian 32-posture Sword Form*，2008）以及《杨式 24 式简化太极拳》（*The Yang Taiji 24-step Short Form: A Step-by-step Guide for All Levels*，2010），另外 Angus

Clark 著有《太极图解》(*Illustrated Elements of Tai Chi*, 2002)、Paul Eng 有《武术基本功法》(*Kungfu Basics*, 2004),威拉德·兰姆(Willard J.Lamb)有《太极完美力量:化境》(*Taiji's Perfect Force: Hua Jing*, 2010)等,都颇有影响。

虽然近些年来,武术翻译作品绵绵不绝,但是由于翻译标准和原则不统一,中外、专业非专业等人员构成的翻译队伍混杂,武术翻译问题很多,具体总结如下:

(1)一词多译。以常用词"武术""太极"的翻译为例,笔者查阅《汉英武术词汇》(1998)、《汉英英汉武术词典》(2007)、《现代汉英词典》(1992)、《新时代汉英大词典》(2000)、《新英汉词典》(1999)等几部常见词典,给出的翻译版本有"wushu""martial arts""physical arts""Chinese wushu""Chinese gongfu""kung fu""traditional Chinese boxing"等。对于"太极"的翻译也是如此,上述词典常见的有"Tai ji""Tai chi""shadow boxing""T'ai chi ch'an""Taijiquan"。再有"拳"的翻译有"quan""fist""boxing"三种,武术重要概念的"气"一词有"spirit""qi""energy""essence"等翻译,而《24 式太极拳》中"式"的翻译常见的有"form""posture""style""action""move""movement"等,各类一词多译现象五花八门,难以一一列举。

(2)望文生义。不懂得武术文化的底蕴,而单纯从字面理解来翻译。比如"南拳"是明代以来,中国南方各地拳种结合,套路上具有同一特点的汉族拳种总称,它是一个专有名词,不表示任何地方的南部,所以不能翻译为"south boxing"或者"southern boxing"。同样,"长拳"非"长的拳"(long boxing),"滚桥"不是"roll bridge","云手"非"cloud hands","舞花手"也不是"dance flower hands"。望文生义的翻译不尊重源语,完全曲解了武术术语的原义,破坏了武术的特质。

(3)胡译乱译。不顾章法的胡译、乱译行为在武术翻译中并不鲜见,这是对源语的语言和文化极不负责任。常见有:

(2-2)抱腿摔　hold leg throw

(2-3)力劈华山　Strength split Huashan

(2-4)马步冲拳　horse step punch fist

(2-5) 丁步下刺　thrusting downwards with the stance of Chinese character Ding

(2-6) 内六合,外六合　Inside six combined, outside six combined

显而易见,上面翻译完全是按照汉语逐字翻译而来,毫不顾忌语法规律,一味地追求形式对应,导致意义和功能殆尽。胡译、乱译的译语不能表达要表达的内容,语法错误使语言表达毫无意义。

(4)音译泛滥,译犹未译。适度的音译武术文化负载词 Yin(阴)、Yang(阳)、武术(Wushu)、Jing-Luo(经络)是可以接受的,但是过多使用音译的手段,难免会使丰富而生动的武术术语丧失武术语言之风采。比如发劲(Fa jin)、旋风脚(Xuanfengjiao)、穿云掌(Chuanyunzhang)。

可译性限度下,音译只是一种权宜之计,如果突破可译性,能以意译表述内容,则是翻译的更高境界。所以上例可以试着改译为:

(2-7) 发劲　discharge energy, release energy

(2-8) 旋风脚　whirlwind kick

(2-9) 穿云掌　Rotating arm

(5)文化误读。语言承载着一个民族的文化特质,丧失文化的语言是苍白空洞的。"手挥琵琶"1973 年曾经被译为"play the guitar",以西方乐器"guitar"(吉他)代替我国乐器"Pi'pa"(琵琶),顿失民族语言风采,所以现代学者李天翼(1999)、李德印(2004)等主张翻译为"play the Pi'pa"。

"鲤鱼"多红色,在中国民俗中象征吉利,传说黄河里的鲤鱼跳过龙门,就会幻化成龙,宋代的陆佃在《埤雅·释鱼》也有言:"俗说鱼跃龙门,过而为龙,唯鲤或然"。有人将"鲤鱼打挺"翻译为"Jump up from the lying position"(从躺姿一跃而起),完全无视"鲤鱼"一词的存在;还有人借用国际体操比赛中的一个动作术语"kip up","kip up"指双脚抬高,收腹,迅速借背部和双脚触地的力量带动身体直立。虽然基本能体现"鲤鱼打挺"的动作要领,但是却抹杀了源语的文化内涵和象形动作的寓意之美。所以,现在多主张如下翻译:

(2-10) Carp kip up

The carp jumps on water

所以,武术翻译要本着对源语文化负责的精神,适当地追求意象并置,以免丧失文化功能。

综上所述,武术翻译中一词多译、望文生义、胡译乱译、音译泛滥译犹未译、文化误读等各种乱象丛生。武术翻译混乱的主要原因是不同的译者在翻译同一术语时缺乏规范的、行之有效的翻译标准和原则(罗永洲,2008:59),所以确立武术翻译标准,统一术语译名刻不容缓。

2.5.2　武术翻译研究概述

除了武术翻译实践,武术语言的研究也推动了武术翻译理论的研究。武术语言的研究主要集中在两个方面,一是对武术语言与文化关系的研究,认为孕育于中国传统文化土壤中的武术术语,处处体现着民族文化特质,武术语言与文化密不可分。比如汲智勇(1995)指出武术运动具有审美性,传统武术术语蕴藉着中国哲学的基本精神,要想理解武术的精髓,必须深入中国历史文化背景,武术术语体现了观物取象命名的"图腾崇拜"文化观念。二是对武术概念及术语特征的研究,周伟良(2010)、杨建营、程丽平(2013)、廖钰珊、蒲华文(2013)等从不同角度探讨了武术的概念,蔡纲、丁丽萍(2007)和曾于久、肖红征(2008)还归纳了科学化的武术层次分类;在语言特征方面,传统武术术语具有精炼性,形象性和直观性的特征(万军林、汤昱,2004),武术理论术语崇尚模糊和缺乏统一,具有一定的历史局限性(汲智勇,1995)。这些武术语言和文化的探讨为武术翻译的研究奠定了良好基础。

但是,囿于复合型人才缺乏、语言和文化差异等各种原因,武术翻译研究进展比较寂寥且艰难。在中国学术期刊全文数据库(CNKI)中选择期刊"全文"检索"武术",设定时间范围为1915—2021年,然后选择在结果中检索"译",总共有757条与武术翻译相关文献,包含282篇期刊文章;把期刊范围减少为核心,继续对检索结果进行人工逐个筛选和分析,最终只有29篇武术翻译主题文字,而且主要集中于本世纪的近十年。可见,武术翻译的历史短暂,实践投入不够广泛,理论沉淀不够深厚。而由于武术本土文化特色鲜明,武术在国外更是以接受性学习为主,鲜见产出性翻译研究。国内武术翻译研究主要集中在以下三个方面:

（1）武术专项翻译研究

武术专项的翻译研究,最早始于牛跃辉(1997)的《气功术语英文释义浅谈》,他选取了几个常用气功术语如"气""性灵感应""幻觉"和"禅定""冥想"等,通过个例分析,认为气功术语的翻译要准确地把握内涵,避免误译。周庆杰是21世纪致力于太极传播和翻译研究的杰出学者,他(2004)从动作名称和拳理两个侧面对杨式太极拳的翻译进行了系统研究,认为太极拳动作名称翻译要体现其技击和文化内涵,同时,提出汉语拼音加注释的翻译方法可以为译语受众建构有效的认知图式,弥补拳理在译语文化的缺省。周庆杰(2010)还对太极剑的翻译提出了独特的观点:太极剑现代动作名称易于理解但缺乏文化意趣,而传统动作名称虽有深厚的文化内涵但却难以理解,所以他主张将两种动作名称及其翻译一并给出并辅以相应的图照,以达到传播太极剑文化和方便教学的目的。刘明亮、周庆杰(2012)探讨了太极推手的文化内涵,对比了"推手"一词的各种翻译版本,认为将"推手"一词进行音译同时加注的方法最为折中,即"Tui Shou(push hands)";在此基础上,又探讨了推手基本手法——掤、捋、挤、按、采、挒、肘、靠与推手"劲"的翻译。

（2）武术翻译策略研究

异化归化视角:异化与归化本质上就是向源语还是向译语靠拢的翻译倾向。异化与归化之争同样也存在于武术翻译研究中。1993年《中国翻译》发表的《中国武术术语汉译英浅谈》(李长林)是武术翻译研究的开山之作,他在文中所提出的翻译武术词语要把握住"以我为主"的原则,其实就是现在翻译理论的异化处理。郎朗也赞成异化翻译,认为归化翻译试图以译语文化取代武术文化价值观,严重侵害民族武术的生存和发展(2007:31);而异化翻译有利于把武术文化以其准确真实的本来面貌推向世界,从而更好地促进世界多元体育文化的交融与创新,异化翻译是武术译者应具有的社会责任和意识(段红萍、刘祥清,2011:53)。而佘丹和陈南生(2007)则从武术术语的专业化特点和民族文化内涵出发,通过分析实例指出异化和归化翻译在实践中相辅相成、互为补充,所以对武术术语纯粹采用异化或归化翻译都有失偏颇,而要采取具体情况具体分析的折衷方法。

目的论视角:杨梅(2007)以翻译目的论为指导,分析了中国健身气功对外宣传册英文翻译中所出现的问题,指出健身气功对外宣传册的翻译要考虑到目标读者的特点和翻译的目的,对翻译内容和策略加以选择,以期达到更好的传播效果。谢应喜(2007)认为武术翻译要先确定译本的交际目的,然后选择不拘泥于原文的"工具性翻译"策略或再现武术蕴涵的文化信息"文献性"的翻译策略。谢应喜(2008)主张文本目的为翻译过程的第一准则,武术翻译要根据拳名、拳势、拳理三种不同的文本,采用动态标准——拳名,音译(加注);拳势,直译(加描述);拳理则视情况采取直译、释义、归化或加注等策略。杨瑞玲(2011)也赞同翻译目的决定翻译行为的观点,主张太极拳外宣翻译要遵循目的论传播太极拳拳理和技击方法,规范太极拳英译名称。

文化视角:其实,不论是武术专项翻译研究,还是归化异化、目的论等翻译策略研究,深刻而丰富的文化内涵一直是武术翻译绕不开的话题。张振华、田兰波(2006)和杜亚芳(2010)指出武术英译不是浅层次的、简单的两种语言文字的转换,而是跨汉英两种文化的语言交流活动,所以,武术术语英译的目的一是传达术语的指示意义,二是移植术语的文化意义。多元文化背景下,把翻译视为一种跨文化交际行为,是理解武术翻译目的和实质的关键,也是保持民族文化特色的前提。李特夫(2006)则将武术术语翻译直接定位为文化翻译,分析了武术音译、音译意译结合、借词和插图等文化传播作用,强调武术翻译中要注意保留民族文化形象。在分析武术语言文化特点基础上,万军林,汤昱(2004)提出音译法、直译法、意译法、代换法和解释法五种传统武术术语的翻译方法。程艳伟(2006)也赞同武术术语音译,主张以"拼音＋汉字＋英文注释"的翻译方式,展示武术动作及其文化内涵,周庆杰则以"太极拳"为例进行了个案调查,结论是:中西方文化的对话与交流状态下"汉语拼音译介加海外认知度较高的威妥玛拼音进行后缀是目前译介'太极拳'一词较为适宜的方法"(2011:84)。

(3) 武术文学翻译研究

事实上,武术热、功夫热,武术的国际化传播,主要是与武术文学,包括武侠小说和功夫电影的流行有关。武术文学的翻译包括武侠小说译介和武侠电影的译制。

赵为(2009)指出武侠影片的译制开创了武侠文学作品翻译的先河,他通过对俄罗斯电视台翻译并播出的影片《七剑下天山》(梁羽生著)、《倚天屠龙记》(金庸著)的译例分析,提炼出等值法、等同替代法、形象传达法、改造法、音译法等武术翻译策略。吴丛明、刘瑶(2011)以武侠小说《鹿鼎记》为例,分析了译者武侠小说中独特文化意象所采取的"杂合"化的表达方式,指出译者在不破坏目标语用户理解的前提下,尽可能将原语文化移植过去的"杂合"翻译策略是译文中普遍存在的现象。罗永洲指出:"从金庸作品现有的英译本看,归化和异化的取舍并非取决于译者的国籍,而是基于译者对于文化交融的程度和用户的现实接受能力的判断"(2011:51)。

综上所述,不管是武术专项翻译研究、还是归化异化、目的论、文化移植等的翻译策略,抑或是武术文学翻译,大都意识到在译语中传达武术文化内涵的重要性,对于武术文化内涵词或者说译语空白词的翻译主张音译、音译加注、音译意译结合或辅助插图说明等方式。但是从上述研究,我们也注意到,一方面,目前的武术翻译研究多半集中在局部的、具体的,不能广而推之的问题上,综合性的、宏观的研究明显不足,有大片的空白无人涉足,另一方面从不同角度对武术术语的翻译提出的翻译原则和观点,虽然都是深有意义的探索,但翻译各自为政,众说纷纭,终难成系统体系。因此,武术翻译研究领域有待拓宽,武术翻译方法有待提炼加工,以形成科学规范的翻译原则和较为统一的翻译标准。

2.6　小　　结

武术的民族文化特性和国际化推广需要带来了武术翻译质量和数量的突进,现代词典学、翻译学、社会文化学理论的发展带来了汉英武术词典编纂的新思路。本章正本清源,首先清楚界定武术概念的外延和属性,明确了武术的科学分类,为汉英武术词典的收词、索引等提供依据,以免误入非专科词典的歧途。

然后本着取舍借鉴的理念,探讨了现有单语武术词典和双语武术词典的编纂得失。现有的单语武术词典不断改进,在复合索引系统、分类编排、科学收词、递级释义、辅助插图、相互参照等方面为武术汉英词典的编纂提供了良好的借鉴。但是汉英武术词典与单语词典的目标用户、编纂目的有很大的差别,所以汉英武术词典要根据汉英语言的特征、词典的编纂目的和用户需要,科学、规范地搭建词典框架结构,选择、分析、改编和翻译词目,而不能简单地翻抄单语词典的内容和框架。当前的双语武术词典在用户定位、收录内容、编纂体例、检索方式和版面安排、词目翻译等方面逐版改进、刻意创新,为后世双语武术词典的编译提供了基准和参照。但同时存在不少问题:编纂实践与理论研究脱节;总框架失衡,收录不规范,收词过泛或残缺;翻译原则不系统;专业术语翻译不到位,误译乱译现象普遍,语义或文化信息遗漏等;词典编译蓝本不明确,词典编纂人员构成不科学等。

最后总结分析了武术翻译和研究的现状,武术翻译实践为丰富和发展武术翻译理论作出了贡献,也为汉英武术词典编译提供了借鉴。武术翻译中一词多译、望文生义、胡译乱译、音译泛滥、译犹未译、文化误读等乱象的主要原因是缺乏翻译标准和原则,所以确立武术翻译标准,统一术语译名刻不容缓。人们对目前武术翻译研究取得的共识是武术翻译不是简单的语言转换,而是一种文化与另一种文化的交融碰撞。武术文化内涵词或者说译语空白词的翻译主张音译、音译加注、音译意译结合,或辅助插图说明等方式。由于目前的武术翻译研究多半集中在局部的具体问题上,宏观的研究明显不足,所以,武术翻译研究领域有待拓宽,武术翻译方法有待提炼加工,以形成科学的、规范的翻译原则和较为统一的翻译标准。

总之,半个世纪来的武术翻译和研究、武术词典编纂是令人鼓舞的,一支富有生气的武术翻译研究队伍正在逐渐形成,一系列的研究难点重点也陆续凸显出来,并取得了一定突破。希望在不远的将来,会有更多的有识之士参与武术翻译和研究,肩负起建设中国精神文明、凸显中国文化身份的使命。

第三章　汉英武术词典编纂：理论框架与整体架构

　　本章首先从用户视角,通过问卷调查、专家访谈、座谈交流以及观察法等形式对汉英武术词典的使用现状、存在问题和原因,以及词典知识和技能状况进行了在线调查,以期为汉英武术词典的编纂提供以实证为基础的参考依据。然后根据现代词典学、语言学、翻译学理论探讨了汉英武术词典的理论框架,在此基础上,提出汉英武术词典应该具有知识、交际、文化传播的功能特征,系统性、科学性、层次性的结构特征,汉英武术词典词目翻译要遵循规定和描写相结合的等值原则、自足与关联相结合的系统原则、意义和文化并重的交际原则、尊重源语形式的美学原则。

3.1　汉英武术词典需求分析

　　早期的词典编纂与理论研究大多从词典本体论出发,以词典编者为中心,强调文本的规范性和词典的权威性。20 世纪中后期以来,词典研究最明显的变化是由于"词典用户对词典信息的需求研究可以为词典编者提供重要的参考"(安德源,2012:28),所以"越来越多的词典学研究者和词典编纂者把视角转向用户需求"(解海江、李莉,2012:62),将用户需要、用户的认知水平和技能等纳入理论研究框架,提出"词典编纂应从用户需要出发,力求词典结构与用户的心理词库和认知结构类似"(罗思明、赵海萍,2005:174),重视用户和词典文本的互动,强调词典用户在编纂过程的隐形参与。只有清楚了解了词典用户的真正需求,编者才能在词典结构编排上有所侧重,信息选择上有所取舍,出版单位才能有的放矢地策划、出版满足用户需求的词典，避免无目的出版在人力、物力、财力上的浪费。

当前缺乏质量上乘的汉英武术词典的一个重要原因就是词典编者不甚明了词典用户的需求。武术教学和研究实践中不难发现，用户对词典的需求存在很大差异，因而将词典用户需求考虑在内的汉英武术词典编纂势在必行。用户需求分析（needs analysis 或 needs assessment）是编纂汉英武术词典的必要前提。一方面，汉英武术词典用户包括武术翻译、研究人员、对外武术教学人员、国外武术爱好者，群体比较固定，针对性调查可行性强。另一方面，虽然汉英武术词典是武术跨文化研究和学习不可或缺的重要工具，但是国内三本汉英武术词典的面世并没有引起用户的广泛关注。词典编纂首先要为词典用户着想，没有目标用户群的词典很难说有什么编纂的意义。汉英武术词典不为广大受众所接受，说明基于用户需求的研究，比如词典用户的态度、需求、习惯、偏爱、技能和动机等，还有待深入。所以本章试图通过问卷调查（questionnaire）、专家访谈（expert interview）、座谈交流（panel discussion）以及观察法（observation）等形式对汉英武术词典的使用现状、存在问题和原因，词典的知识和技能状况以及用户需求进行调查分析，包括词典偏爱类型、词典使用频率、检索习惯、释义信息、整体架构、词典选择等方面，以期为汉英武术词典的编纂提供以实证为基础的参考依据，从而设计、翻译、出版高质量的汉英武术词典，更好地满足用户的需求。

3.1.1　问卷的设计与调查

问卷构建内容、问题设计遵循美国传媒人利贝卡·鲁宾（Rebecca B.Rubin）问卷设计的一般原则，一是问卷开始要强调调查的重要性以及自愿参与的原则；二是浅显易懂地说明如何填写问卷（如跳过特定题目等）；三是保证问题清楚、准确，没有歧义，容易理解；四是一事一问，避免两个问题重复类似问询或者一个问题包含两问；五是受访者要对询问主题有基本的认识；六是问卷设计尽量保证受访者的回答清晰。问卷设计的科学性决定了调查结果是否可靠、有说服力，是否能发现汉英武术词典编纂和需求之间存在的偏差。

随着互联网和信息技术的普及,除了访谈、电话、邮递等传统问卷收集方法之外,网络问卷调查(internet enquiry)便利可行,值得研究者加以利用(耿云冬,2014:60)。本次调查采用网络社交应用 APP,包括博客、QQ 和微信,以发布、征集问卷并进行网络统计和分析。这种自助式在线调查,操作功能强大,问卷编辑改写方便,受访者扫描二维码或者点击链接即可答题,支持手机填写,数据回收分析简单,分类统计、交叉分析,柱状图、饼状图、折线图等自动生成。

因为问卷是以本人博客、QQ 和微信的账号发布,所以调查对象主要面向大学老师、体育学院大学生和外国来华留学生,并特意通知了某体育学院武术专业本科、硕士和博士班的同学以及从事武术国际交流和翻译研究的专业人员。因为他们更清楚地了解武术的语言文化特点,熟悉武术英语教学、学习和翻译中的具体问题,而且重要的是他们本身属于汉英武术词典的潜在用户,比较有兴趣参加这次调查,对所提供的信息更为慎重,调查数据相对可靠,具有参考价值。此外,笔者对武术专业学生使用汉英武术词典的情况有过专门的观察。

最后,共收回调查问卷 354 份,其中非武术专业 263 份,占 74.29%,武术专业 91 份,占 25.71%。从填写问卷 IP 地址分配来看,至少有 11% 的外国留学生,来自越南河内和胡志明、美国的田纳西州、澳大利亚的新南威尔士、日本东京、墨西哥的哈利斯科州(Jalisco)、和韩国的全罗北道(Cholla-bukto)等地,大多有汉语学习经历。

汉英武术词典需求问卷主要包括三个方面的问题:①汉英武术词典使用与选择现状及影响因素;②用户在词典结构和收词释义方面的需求;③用户选择词典时会考虑的因素。问卷量表结构大多分 5 级,比如从 5(非常有帮助)到 1(无帮助),问卷的设计主要参考了关于词典问卷调查的相关文献(党会莉、李安兴,2004;胡文飞,2013;章宜华,2013;王晓、刘善涛,2014 等),同时也融入了笔者及其他学者的经验。问卷涉及问题由单选、多选、自答和跳选组成。单选题,受访者可以从几个不同的选项中选择最佳答案;多选题,从中可以选出几个答案;开放式自答题由自己回答所提出的问题,以收集各种有启发性答案,避免问卷设计考虑不周;跳选题设计是考虑到有受访者在没有汉英武术词典使用经验的基础上,无法对现有词典做出评价,而有使用经验的受访者无需为没有使用过汉英武术词典的主要原因作答,跳选题使统计数据尽量客观。问卷可以在网上通过链接,或者在 QQ、微信空间、博客作答,全部自主完成,统计结果也随时自动更新。

需要说明的是,词典编纂中的两个重要选项"词目编排"和"义项排列"没有列入问卷,因为在由部分受访者组成的前期先导性研究(pilot study)进行问卷信度测试时发现非武术专业人士几乎不了解武术的内容和项目,导致"词目编排"和"义项排列"选项的题目前后测试内容很不一致,丧失基本信度。由于本调查采用问卷调查法,同时辅以专家访谈和座谈交流以及笔者的平常观察,所以这两个选项主要通过后面方式进行。

3.1.2　调查结果与分析

调查问卷由受访者通过网络社交 APP 自主完成;座谈交流随后进行,主要包括武术专业学生(尤其是国际学校代课实习学生)和武术教练;专家访谈采用德尔菲法(Delphi method),经过几轮征询,使专家小组的意见看法趋于集中;此外笔者还在开设《体育英语》课程的班级中进行了多年的观察。各种方法的组合目的是尽可能地了解汉英武术词典用户的需求,确保本次调查的有效性。以下分析研究是建立在问卷调查数据和专家访谈、座谈交流与观察结果基础上的。

1) 汉英武术词典使用与选择现状及影响因素

调查结果显示,武术专业有 30.77％的受访者声称使用过汉英武术词典,非武术专业则只有 14.83％;而令人震惊的数字是有 49.3％的受访者不知道有汉英武术词典存在,从 20 世纪 80 年代算起,汉英武术词典出版二十多年,这不能不说是一大遗憾;然后对比两个问题"您大学所学的专业是____"和"在学习工作中,您用到武术英译的频率____"发现,频率选择"经常"使用汉英武术词典的受访者中,31.87％来自武术专业,4.18％非武术专业,频率"一般"的受访者中,29.67％来自武术专业,12.17％非武术专业,"很少"中,21.98％来自武术专业,30.8％非武术专业(见表 3.1),如此看来,汉英武术词典也有着相当数量的非武术专业的普通用户群。

表 3.1　武术专业与非武术专业使用武术英译频率对比

X\Y	经常	一般	很少	几乎不	从不	小计
武术专业	29 (31.87%)	27 (29.67%)	20 (21.98%)	12 (13.19%)	3 (3.3%)	91
非武术专业	11 (4.18%)	32 (12.17%)	81 (30.8%)	78 (29.66%)	61 (23.19%)	263

汉英武术词典使用目的调查,"您一般什么时候,需要武术英译"(多选题)的四个选项"科研、翻译、教学、学习"中,武术专业的选择由多到少依次排列是"教学、科研、翻译、学习",非武术专业的选择则分别是"学习、翻译、科研、教学"(见表 3.2),可见两者差别巨大,这和笔者的访谈交流以及观察相吻合,不同专业、不同爱好的人群有着不同的使用目的。另外,有 13.28% 的受访者填写了"其他"选项,其中大多是"会见外宾""跟外国人交流""介绍中国文化""做武术博物馆讲解员"等涉外交流活动。正因为用户群的广泛性和使用目的的多样性,汉英武术词典要兼具求解型和学习型词典的特点,一方面,在收词范围上,除了武术通用词汇外,将腿、脚、拳、刀、棍、枪等各种技击术语和武术谚语、歌诀收录在内,力求专业化、涵盖内容广,以满足用户所需;另一方面,为解决非武术专业和国外用户武术学习的问题,在词目编排和释义信息、插图说明上尽量给予特别关注,以兼顾汉英武术词典的实用性和学术性。

表 3.2　武术专业与非武术专业与使用武术英译语境对比

X\Y	科研	翻译	教学	学习	其他	小计
武术专业	48 (52.75%)	45 (49.45%)	51 (56.04%)	38 (41.76%)	3 (3.3%)	91
非武术专业	80 (30.42%)	108 (41.06%)	68 (25.86%)	117 (44.49%)	44 (16.73%)	263

在汉英武术词典使用习惯和偏好调查中发现,在"您需要武术英译时,一般＿＿＿",大部分受访者(89.83%)选择需要"借助词典、网络等工具帮助",由此可见,虽然汉英武术词典是武术英译的权威和必不可少的工具,但是在实践中并没有被充分利用。对于第 5 题,"武术英译需要查词典时,您首选＿＿＿"一题中,四个选项中 67.23% 的受访者选择了"网络词

典(如金山、有道、海词等)"(见表3.3)。

表3.3　武术英译首选查阅工具

选　项	小计	比　例	
电子词典(比如卡西欧、诺亚舟、快译通等)	39		11.02%
大型汉英词典(比如《汉英大辞典》《新汉英词典》或者《柯林斯—英汉汉英词典》等)	40		11.3%
网络词典(如金山、有道、海词等)	238		67.23%
汉英武术词典	25		7.06%
其他	12		3.39%
本题有效填写人次	**354**		

访谈得知,大多受访者之所以将网络词典列为首选,与网络词典的影响、简洁释义方式、收词量以及便捷性等因素密切相关;选择"大型汉英词典(比如《汉英大辞典》《新汉英词典》或者《柯林斯—英汉汉英词典》等)"和"电子词典(比如卡西欧、诺亚舟、快译通等)"的比例基本持平(11.3%和11.02%),只有7.06%选择了"汉英武术词典",在其他自填选项中,部分学生填了"中国知网的翻译助手""谷歌或百度翻译""武术方面的外文教材等书籍",这一方面反映了词典用户对网络词典的偏爱,另一方面也可以看出用户的无所适从。同样,在日常观察中发现,大多数受访者喜欢选用网络词典,比如有道(Youdao)、爱词霸(Iciba)、灵格斯(Lingoes)等,如果找不到答案,再找纸质汉英词典,最后再咨询专家学者,这也说明功能齐全的汉英武术词典出版的重要性。在"您没有使用汉英武术词典的主要原因是____"一题的调查结果看,大部分用户"不知道有此类词典"(49.3%),由此可见,武术的国际化推广应该从脚下起步,国内的宣传同样重要,以用户为导向的汉英武术词典出版和推行迫在眉睫。

鉴于虚拟载体词典的流行和用户的广泛接受度,出版同时考虑网络版也有很大的可行性,而且网络版可以结合现代信息技术,比如基于

flash 技术 3D 动态图等以直观、动态图呈现,具有实质词典无可比拟的优势。但是,没有高质量的纸质词典,就没有高质量的网络词典,网络化只是"毛",纸质词典才是"皮",皮之不存,毛将焉附(赵刚,2014:58)? 所以汉英武术词典的当务之急仍然是从提高纸质词典的质量做起,然后再推进其网络化,以适应信息时代用户的查考和学习需求。

表 3.4　汉英武术词典用户评价

选　　项	小计	比　　例	
非常好	13		19.4%
比较好	34		50.75%
一般	18		26.87%
用处不大	1		1.49%
完全没用	1		1.49%
本题有效填写人次	**67**		

在"您对使用过的汉英武术词典的评价____"调查时发现,大部分使用过汉英武术词典的用户(50.75%+19.4%)评价良好(见表 3.4),由此可见,汉英武术词典在一定程度上能满足用户释疑解惑的需要。但是在问卷和访谈中,有不少用户提到各部词典答案不一致,无所适从;收词太少,需要的常见词都查不到;个别词典释义纰漏或者模糊等问题,所以说,汉英武术词典有待于改进。

针对"您认为汉英武术词典对您的科研、翻译、教学或者学习等是否有帮助"题目中,选择"非常有帮助"和"比较有帮助"的占绝大多数(见表3.5),分别为 25.71 和 42.37%,选择"帮助不大"的受访者也占一定比例(20.06%);而从表 3.6 看,不管是非武术专业还是武术专业,大多都赞同汉英武术词典有帮助。选择"无帮助"的 10 个人全部来自非武术专业,究其原因,大多声称没有武术英语的实际需要、英语基础差。此项调查从另一个角度印证了"您对出版汉英武术词典感兴趣吗"(表 3.7)的结果,超过 53% 的受访者选择了"非常感兴趣"和"比较感兴趣",有帮助,然后才会感兴趣。

表 3.5　汉英武术词典的作用认同

选　项	小计	比　例	
非常有帮助	91		25.71%
比较有帮助	150		42.37%
帮助不大	71		20.06%
基本没帮助	32		9.04%
无帮助	10		2.82%
本题有效填写人次	**354**		

表 3.6　武术专业与武术专业对汉英武术词典作用的认同对比

X\Y	非常 有帮助	比较 有帮助	帮助 不大	基本 没帮助	无帮助	小计
武术专业	39 (42.86%)	39 (42.86%)	10 (10.99%)	3 (3.3%)	0 (0%)	91
非武术专业	52 (19.77%)	111 (42.21%)	61 (23.19%)	29 (11.03%)	10 (3.8%)	263

表 3.7　对出版汉英武术词典的看法

选　项	小计	比　例	
非常感兴趣	73		20.62%
比较感兴趣	115		32.49%
一　般	114		32.2%
不太感兴趣	31		8.76%
不感兴趣	21		5.93%
本题有效填写人次	**354**		

　　由此可见,大多数受访者期望出版一部令人满意的汉英武术词典。总之,大多受访者对汉英武术词典感兴趣,认为汉英武术词典户对自己的科研、翻译、教学或者学习等有帮助,部分受访者选择"基本没帮助""无帮助"和"不太感兴趣""不感兴趣"的原因可能是多方面的,比如日常工作、学习和生活无关武术领域,英语基础薄弱,现有汉英武术词典不尽人意等。

　　2) 用户在词典结构和收词释义方面的需求

　　针对汉英武术词典宏观结构的调查,"您认为理想的汉英武术词典前后页材料中应提供哪些信息（多选题）"，问卷结果显示，"词典使用说明"和"武术典籍"的选择最多，分别为60.73%、57.06%，其余依此为"主要参考书目""比赛规则"和"武术名人堂"（表3.8），这三个选项比值接近，由此可见，用户希望汉英武术词典能够是一部包容性强、使用方便，帮助扩展知识的词典。

表3.8　理想汉英武术词典前后页材料中应该提供的信息

选　　项	小计	比　　例	
前　言	97		27.4%
词典使用说明	215		60.73%
主要参考书目	159		44.92%
比赛规则	149		42.09%
武术名人堂	154		43.5%
武术典籍	202		57.06%
其　他	15		4.24%
本题有效填写人次	**354**		

　　词典收词量是由词典性质及用户需求来决定的。基于词典目标用户、编纂目的、篇幅功能等诸多因素的限制，编纂一本"包容万象"的武术词典是不现实的。所以词典词目收录只能尽量做到专业性和内容丰富性，同时，要能够及时修订补充新词汇、新表达。随着社会的不断发展，"忍术""柔术"等新词、新说法不断涌现，如果汉英武术词典的编者不能及时收入新近使用频率较高的武术词汇，那么势必大大降低词典的时效性和对用户的吸引力。

　　关于宏观结构的收词立目、词目编排的调查，主要采取观察法、座谈交流以及德尔菲专家访谈法，结果发现，大部分用户对现有汉英武术词典最不满意的是收词不全面、编排不科学。经过反复几轮的调查后，基本达成的一致意见是：以词典用户为出发点，汉英武术词典的宏观结构编排应该注意收录词目的专业化、规范化，词目设置采取复合式检索系统（复合式义项编排方式），打破以往汉英武术词典过度重视信息内容而忽略用户检索学习的局限。这是汉英武术词典编纂和研究的一个重要方面。

针对汉英武术词典微观结构的调查,设计了多选题"您认为武术词条译解中下面哪些信息更重要",本题目的是检测词条信息范畴与词典用户需求的关系,从而可以根据用户需求对词条信息按重要性进行排序。结果显示,五个选项中,选择比例由大到小依此为"文化释义""对应译词""图示""词条汉语标音""参照词条"(见表3.9)。这和访谈调查发现结果相吻合,最能满足用户需求的汉英武术词典信息包括译语对应词、释义和图示等,只提供武术词条的英语对应词的释义方法最不可取。词典除提供对应词外,还应提供:①相应的释义,没有释义,"三尖""十二型""易骨"和"易筋"等词目会让非武术专业和国外用户错愕,难以理解。②释义中的文化阐释,汉英武术词典释义要把武术文化因素考虑在内。通过网络问卷和访谈、观察等调查发现,大部分词典用户想了解武术词目所蕴含的文化信息,希望汉英武术词典能够成为他们"知其然,更知其所以然"的跨文化交流的桥梁。而现有的汉英武术词典基本没有引入文化信息,忽略了词典用户的这类需求,给用户的深度理解和实践使用带来不便。③汉语注音,访谈交流中,大部分来华留学生都说明了汉语注音的重要性,认为汉语拼音是学习汉字的最好工具,汉英武术词典的汉语注音有助于他们识别形近词、生僻词。这对于国内用户认识生僻词也是很有必要。④图示作为词目释义的辅助手段,使词典用户以直观的方式了解词目所指称的事物或概念,比如武术器械、技击方法和动作要领等。⑤词条参照,问卷和访谈等调查发现词典用户大多认为目前的汉英武术词典的一大不足是缺少交互参照,不利于词目释义的信息补充和延伸。

表3.9 词条信息范畴与词典用户需求的关系

选 项	小计	比 例
词条汉语标音	133	37.57%
对应译词	241	68.08%
文化释义	255	72.03%
参照词条	124	35.03%
图 示	169	47.74%
其 他	8	2.26%
本题有效填写人次	354	

所以,汉英武术词典微观结构的构建要采用多层次释义模式,比如注音、对应译条、文化释义、图示、词目互相参照等,从而打破消极型汉英武术词典只给出对应译条的局限,这是汉英武术词典编纂时,词目微观释义最重要的一个环节。

同时,调查也发现部分用户声称词典释义文本的不可阅读性成为汉英武术词典有效使用的一大障碍,比如,"未习拳,休习械":Before learning boxing never practicing weapons,完全是死译,释义语言不通,无法表达词目意义,所以释义准确易懂是汉英武术词典的必备要素。

3)用户选择词典时会考虑的因素

那么,作为受访者的词典用户"在选择汉英武术词典时考虑的主要因素是____(多选题)"题目中,"释义准确""收词全面""功能齐全"和"检索查询方便"占比远远高于其他选项,"便于携带"也占相当的比例(见表3.10),估计这就是网络词典一直占绝对优势的原因。调查结果反映了词典用户希望汉英武术词典是一本释义准确、收词全面的多功能词典,以满足他们武术教学、科研和翻译中词义索解和应用的需求。此外,调查还发现,印刷制作是否精美、价格是否便宜不是词典用户在选择词典时考虑的主要因素,这与词典出版商的关注点有出入。

表 3.10　影响选择汉英武术词典的主要因素

选　　项	小计	比　　例
功能齐全	196	55.37%
收词全面	224	63.28%
释义准确	251	70.9%
检索查询方便	180	50.85%
印刷制作精美	36	10.17%
便于携带	118	33.33%
价格便宜	74	20.9%
其　　他	19	5.37%
本题有效填写人次	354	

3.1.3　小结

通过以上分析,可以得出结论:①不管武术专业还是非武术专业,都有相当数量的用户需要汉英武术词典;②不同专业、不同爱好的人群有着不同的使用目的,汉英武术词典要兼具求解型和学习型词典的特点;③鉴于网络载体词典受到大多用户的广泛欢迎,汉英武术词典适应时代和用户的变化,以纸质词典为依托,推动网络版发行是大势所趋;④虽然每部汉英武术词典都存在各种各样的问题或遗憾,但大部分有过使用经验的用户对其评价良好,而且认为出版一部包容性强、检索方便、释义清晰的汉英武术词典对于他们的翻译、教学、科研、学习等很有帮助;⑤汉英武术词典要以词典用户为出发点,宏观结构编排上注意收录词目的专业化、规范化,词目设置采取复合式检索系统(复合式义项编排方式),微观释义结构上除提供对应词外,还应提供相应的释义、文化阐释、汉语注音、图示、词条参照等。

现有汉英武术词典存在不少缺陷和不足之处,面向词典用户开发的汉英武术词典才可能有市场。从词典用户需求出发,是编纂汉英武术词典的必要前提,否则汉英武术词典难以立典定范,而最终丧失武术汉英编码解码的权威性、规范性。本次调查研究说明了汉英武术词典编纂的必要性和迫切性,但是由于问卷规模不大,题型设计也较为简单,因此难免有不足之处。比如,问卷的外国用户比例过少。此外,限于用户知识,没能将收词立目、词目编排等和武术词典学密切相关的题目列入问卷内容等。谨希望通过此量化分析给汉英武术词典编纂以启迪。

3.2　汉英武术词典编纂的理论框架

"一部合理的、高效的词典是建立在好的理论基础之上的"(Zgusta, 1971:17)。当前迅速发展的词典学、语言学和翻译学是构建积极型汉英武术词典编纂理论体系的动力源泉。

双语词典学以双语词典编纂为研究对象,是一门跨语言学、翻译学、社会文化学、心理学等学科之间的交叉性科学。苏联词典学家多罗雪夫斯基也曾指出"当今的时代,乃是作为语言的理论科学的语言学,作为研究词的科学的词汇学,作为研究词汇材料的区分和在词典中反映方法的科学的词典学这三者综合集成的时代"(转引自黄建华,2001:14)。双语词典以翻译为工具,研究源语和目的语两种语言的转换。因此,以现代词典学、语言学和翻译学理论研究成果为指导,探索汉英武术语词典的体系编排、总体设计和释义等方面的途径,具有理论可行性和时代紧迫性。

3.2.1 主流语言学理论对汉英武术词典编纂的启示

在所有与双语词典学交集的学科中,与语言学关系最为密切。历史上,不少学者甚至把词典学归入语言学的范畴。语言学(linguistics)以人类语言为研究对象,试图构建语言理论和假设,词典学(lexicography)主要关注的是记录语言事实(Piotrowski,1994:6),所以,两者的研究内容是有所重合的,"语言的发展及语言学的研究成果对词典本身的编纂原则及编纂内容同样有着极其深远的影响"(魏向清,1998:13)。

早期的词典编纂是内省的、保守的,更多借鉴前人的成果经验,而很少有意跟语言学理论挂钩(于海江,2006:9)。20 世纪中后期以来,词典学吸取等各主流语言学派的成果,发生了深刻的变化。国内外专家学者(Bejoint,2004;章宜华,1998;雍和明,2001;罗思明、查如荣,2002;柯飞,2002)纷纷主张运用语言学新理论和新方法,比如原型理论(prototype theory)、图式理论(schema theory)和交际语言学(communicative theory)、认知语言学(cognitive theory)、语料库语言学等理论,去构建词典编纂的理论范式和框架。纵观世界词典史,任何一部优秀的词典编纂都离不开语言学理论的支撑与指导。

当前国内的汉英武术词典,大多是难词集释和汉英词汇对照,基本没有借鉴语言学理论的成就,还称不上是真正科学意义上的双语词典。本部分拟探讨历史比较语言学、结构主义语言学、系统功能语言学和认知语言学派对编纂汉英武术词典的启发。

3.2.1.1 比较语言学的影响

19 世纪的比较语言学,又称历史比较语言学(historical comparative

linguistics),是共时比较相近语言,以建立语言族系(family of languages),或者历时比较同一种语言,以探究语言发展、变化的原因和轨迹的一门学科。历史比较语言学为现代语言学发展奠定了基础,也为词典学等相邻学科的发展提供了源源动力。20 世纪早期的词典全部是建立在比较语言学的传统基础上(Bejoint,2004:173)。

20 世纪中期,另一类型的比较语言学兴起,被称为对比语言学(contrastive linguistics)。对比语言学是对同一语族或不同语族的两种语言进行对比分析,以系统研究其异同的一个语言学分支。这种对比是共时的,侧重对两种语言的描写分析,目的是预测外语学习中的负迁移(negative transfer),所以被视作"扫除迅速扫除语言障碍的重要方法之一"(徐振忠,1992:18)。对两种语言的语音、词汇、语义、句子等的系统对比分析是双语词典编纂理论和实践中的一个重要内容,尤其是词汇对比,许余龙先生就曾指出对比语言学中的词汇对比对于双语词典的编纂有着直接的指导意义(1996:4)。

"比较是人类认识事物、研究事物的一种基本方法"(许余龙,1996:3)。词典编纂者从比较语言学的研究成果中得到的启发:一是好词典要忠实系统地反映整个语言体系的发展变化,以帮助词典用户把握某些重要词或词义的演变历程,二是一部好的双语词典要能揭示两种语言手段的异同,明确各自的特点,预见和排除源语的干扰。

比较语言学影响下的双语词典一方面关注语言在一段时期内的发展变化,难免会收录一些古旧词或者废弃用法,以至挤占某些重要词目或义项的"黄金位置";另一方面对语言异同的对比描写,会扩大词目释义的篇幅,加重用户检索的负担。是故,汉英武术词典要遵循词典"用户友好"(reader friendly)的基本原则,把握好比较或描写的度。

3.2.1.2　结构主义语言学的影响

20 世纪早期受历史比较语言学影响的《牛津英语词典》把词当作独立的个体,而没有重视语言的内在系统性(Bejoint,2004:173)。结构主义语言学家则认为语言符号之间存在两种关系,首先,语言符号都具有线性(linear)排列的特点,话语中的每个符号与其前后符号相比照,以取得自己的价值(Ferdinand de Saussure,2001:121),这种线性排列叫做组合关系(syntagmatic relation),此外,离开话语环境,有共性的词在人们的记忆中互相联系,形成不同的群体,这是聚合关系(Paradigmatic relation)。

美国结构主义语言学,又称美国描写主义语言学,与索绪尔的结构主义语言学一脉相承,也赞同语言系统内各符号之间是互相关联的。比如,布龙菲尔德就曾指出"一个词语的意义取决于它与其他词义的关系,一个语言表达式的意义等于它与所有其他词之间可能关系的总和"(转引自姚喜明,2008:61—62)。根据结构主义理论,每个语言符号都属于组合关系和聚合关系网中的一个节点,所以语言符号要作为一个整体来学习,而不能任意拆分,打乱与其他符号的联系。索绪尔的结构主义理论为之后的词典分类编排,以及积极型(编码)词典的编纂奠定了理论基础。

针对传统语言学的"规范性原则",美国结构主义提出了"描写性原则"。"描写性原则"主张语言研究的任务是客观地描写语言事实,而不是去规定哪些是对抑或错。史上几乎每部词典的编写都体现着"描写性原则"或"规范性原则"。"规范性原则"指导下的词典以经典传统为依据注重规范词形、发音和意义的权威性,而"描写性原则"主张词典编纂要对语言全面、系统、如实的描写,不作正误优劣的主观判断(金其斌,2012:35),以反映语言的实际应用。在此原则指引下编纂的双语词典《韦氏第三版新国际英语足本词典》(*Webster's Third New International Dictionary*)侧重描写的"实用性"取代了语言的"纯正性",从问世以来就备受指责。但如今,描写主义的做法已经被广泛接受,逐渐成为现代词典编纂的主流。

语言知识不仅有句法结构方面,也有语音和语义区别。描写语言学因过分重视结构形式、忽略语言的意义而受质疑,同时因描写主义要求如实记录语言,依据观察到的惯用法建立起规范化规则,所以词典中往往充斥一些俚语、行话,甚至不文明的口语。"这种理论用于描写语言现象本身是有一定意义的,但如果把它毫无保留地贯彻到词典编纂实践中去,就难免引起争议"(王馥芳,2004:21)。

根据结构主义原则,汉英武术词典在收词立目中要体现词目与词目之间的组合关系或聚合关系,以帮助用户生成系统的武术知识;在词目释义中客观、适当描述词义及词形的发展与嬗变,剔除不规范用语和译语。

3.2.1.3 系统功能语言学

结构主义语言学强调语言的形式系统,把意义视作是附加的、外在的,形式所构的东西。与结构主义相反,以韩礼德(M.A.K.Halliday)为首的系统功能语言学(system-functional linguistics)从社会—语义的角度考察语言的特征,关注语言学的社会理据和文化责任,认为语言是一个意义系统,形式是为意义服务的。

系统功能语言学家主张从社会文化学视角分析和研究语言,强调语言的系统性、层次性和社会性。首先,语言是一套与意义相关联的、由若干子系统构成的系统,"每一个系统就是语言行为中的一套可供选择的可能性"(刘润清,2011:233),即"意义潜势"(meaning potential),使用语言表达意义就是从该系统进行选择的过程。系统论思想对现代词典编纂或词典学研究有里程碑式意义——词典记录或描述语言系统,不同类型的词典记录或描述语言系统中某一个子系统。从"按一定方式编排的词目总体""系统安排的条目信息"到"结构严谨的编排""相互关联的词条参照"等词典学所强调的观点看,系统性已成为评价词典质量的一个重要标准。

其次,语言的层次性决定了词典是有相互关联的层次,各个层次之间具有互相体现的关系。最后,受结构主义语言学观影响的释义过分强调语言的内部结构,忽略语言所传达的功能,而系统功能语言学非常重视语言的功能性,认为语言功能会影响到语言本身的特性,所以往往关注特定的社会、文化背景中的语言使用。功能属于语义分析的概念,认为语言具有多个相互关联的层次,层次观使语言研究超越了语言本身。功能论给词典编纂理论带来了巨大冲击,受此影响,词典学家逐渐认识到词典不仅是语言教导工具,还具有文化渗透、意识形态捍卫等功能,所以国际上越来越多的词典选择为用户提供语用标注、交互引用、文化注释等信息。

系统性主张汉英武术词典要体现武术语言知识的系统性以及系统内部各子系统之间和子系统内部的联系;层次性主张汉英武术词典在结构上必须是一个层次分明的整体,各部分间形成有机的联系;功能性要求词典的每个层次都能集中履行某些功能,因此,汉英武术词典在版式设计,结构编排、收词立目、词目释义等方面要注意揭示概念意义、比喻意义、文化意义等附加意义,以帮助词典用户理解和生成武术语言。

3.2.1.4 认知语言学

从 1983 年哈特曼(R. R. K. Hartmann)在《词典编纂原则与实践》(*Lexicography: Principles and Practice*)一书中提出"用户视角"这一概念,以用户为中心的词典编纂理念逐渐深入人心。认知语言学(cognitive linguistics)使语言研究的视角深入到用户的思维系统,"认知观"词典论突出强调词典的认知主体——用户。

认知语言学是一门"以认知为出发点,研究语言形式和意义及其规律的科学"(王扬、徐学平,2006:40)。认知语言学否认语言是一个自主、自足的系统,认为语言和其他认知活动一样,属于人类认知系统的一部分,语言既是认知活动的工具,又是认知活动的产物,认知语言学将主体(人)和客体(语言)结合起来考察语言活动,促进了对语言本质的认识,是一个全新的语言研究视角和理念。认知语言学研究成果对词典结构编排和释义等,产生了积极的影响。以认知语言学的"心理词典"和"原型范畴"理论为例。

"心理词典"也叫"心理词库",是指"永久性储存于记忆中的词及词义的心理表征"(Carroll,1999:102),包括词义、词形、语音以及词与词之间的彼此联系。每个社会的人都有一个排列有序、可以按照一定的认知方式通达的心理词典,在人的记忆中存储词汇知识。心理词典中的词目是概念的体现形式,所谓释义就是从心理词典中分离出概念的区别性特征。因此,词典学家应该要了解词义、词形、语音等意义控制因素在心理词库中的排列和存储,以便使词典的认知结构能够符合心理词库的知识结构,满足词典用户检索方便、解码编码高效准确的需要。

以认知语言学的"原型范畴"理论为例,范畴即世界万物的类别,范畴化是人类认知世界、形成概念的基础。维特根斯坦在分析"游戏"的语义范畴时指出,范畴各成员之间未必具有非此即彼的共同特征,而是以或多或少的相似性交叠为一个网络系统。维特根斯坦称这种相似性为"家族相似性"。根据"家族相似性"的观点,一个范畴是由集合了范畴成员最多特征的原型和与原型有着不同程度的相似性的其他成员以及模糊不清的边界所构成。原型范畴理论大多被用于词典中多义词的释义,其实它对词目排序同样有启发意义。由于范畴边界模糊,所以范畴具有开放性,可以无限添加新词语,这也符合社会和人脑的发展规律。1988年出版的《新牛津英语词典》(*The New Oxford Dictionary of English*)遵循认知语言学原型范畴理论,对多义词的释义打破了以往历时排列的惯例,采取从核心义逐渐扩散到相关义的排列方式。虽然当时受到公众的激烈批评,但如今越来越多的词典界专家学者认为这种创新义项排列方式更符合人的认知水平并有助于提高用户的检索效率,是目前为止最符合积极型词典精神的、比较合理的词典编排方式。

从认知语言学框架理论看,人们对词典中词目释义的获取和接受是其认知活动的一部分,词典等值译是要借助图式映射和概念合成等方法建立在认知框架层面上,而不是单词或概念层的一一对应。此外,认知语言学的意象图式对于词典释义、空间结构理论对于词典结构编排等的启发限于此处篇幅,不再一一赘述,将在下文结合实例陈述。

在认知理论指导下,探索词义在人脑中的生成和建构规律。然后根据这一过程的生成、建构规律,对词目释义与义项排列,将更加有利于用户优质高效地获取知识。汉英武术词典的最大目的是能够帮助词典用户以最小的努力学会使用最准确的武术译语知识,实现此功用的最佳手段之一是充分考虑词典用户的认知能力与认知水平,在方法论上按照大脑如何进行语言习得的认知机制,遵循词典用户语言理解与使用的认知规律,在目的论上以提高词典用户的语言生成能力为目标。

3.2.1.5　小结

由上而知,比较语言学理论有助于词典梳理词目或者义项的发展变化,揭示源语和目的语的异同,预计词典目标用户的信息获取困难;根据结构主义语言学理论,双语词典要把语言作为一个系统整体来收词立目,呈现词目的纵聚合关系,在词目释义中要客观、适当描述词义及词形的发展与嬗变,剔除不规范用语和译语;系统功能语言学理论的语言系统性、社会性以及注重语言变体等主张则对词典编纂整体结构体系设计和词项的文化内涵阐释大有裨益,而认知语言学视角的词典编纂则强调词典的用户友好的宏观、微观结构设计和释义模式,以突出词典积极型功能。

可以说,每种语言学理论的发展,都对词典编纂实践起过指导作用。当今已不会有人质疑语言学理论研究成果对词典编纂的导航作用,但是在词典编纂实践过程中,人们往往容易忽视这一事实——词典作为的语言问题权威解答工具,不能等同于语言本身,所以过分推崇某一种语言学理论的普适性都是不明智的。每一种语言理论都有其局限性,比如系统功能语言学如何穷尽系统和子系统的描写,认知语言学家族相似性的梯度划分缺乏依据等。1966年出版的《兰登书屋英语词典》主编斯坦(J.Stein)就力主词典走一条在语言学上来说合理的中间道路。汉英武术词典要根据现代语言学理论,择优而为,择善而从,在词目编排、翻译、宏观设计、文化释义等方面,研究和借鉴现代语言学和词典学研究的优秀成果。

3.2.2 主流翻译理论与汉英武术词典

双语词典"通过翻译对等词把两种语言的词汇联接起"(Hartmann,1994),双语词典编纂工作的本质就是翻译。陈伟(2010:38)将双语词典翻译界定为"科学翻译学"的一个分科,指出"双语词典翻译研究应该立足'科学翻译学',在认可、凸显自身特质的基础上,建构既合乎自身翻译实践、又具有学科意义的理论体系"。

文献搜索可以发现,直到20世纪90年代,国内双语词典翻译研究如吴克礼(1978,1983)、江希和(1982)、张可任(1986)、黄建华(1988)等,大多属于经验式的技巧总结和评论,零散而不系统,缺乏双语词典学的学科思考和研究,没有系统的翻译学理论支撑。是故汉英武术词典编纂的一大要务是借鉴各主流翻译理论,构建能够凸显自己学科特色的翻译理论体系。

3.2.2.1　等值翻译理论对汉英武术词典翻译的启示

等值翻译理论最早由泰特勒(A.F.Tytler)在《翻译原理理论简论》(1790)一书中提出,好的翻译要移植原文的优点,使读者获得和作者一样的感受。"一样的感受",正是后来的"等值理论"的原发命题。等值翻译论打破了传统翻译理论界的僵局,把翻译带入了一个系统、科学的历史新阶段。20世纪,等值翻译论在世界范围内引发了翻译研究的一片繁荣。从卡特福德(J.C.Catford)的"篇章等值"(textual equivalence),到尤金·奈达(Eugene Nida)的"功能对等"(functional equivalence),威尔斯(Wolfman Wilss)的"受者等值"(reception equivalence),再到莫娜·贝克(Mona Baker)的词层、词层以上、语法对等,翻译等值俨然成了翻译理论的核心概念。各家从不同视角,阐释了不同的翻译等值观。

苏联语言学派代表人物费道罗夫在《翻译理论概要》中提出:"翻译就是用一种语言把另外一种语言在内容和形式不可分隔的统一中所业已表达出来的东西准确而完全地表达出来"(1955:3)。雅各布逊(R.Jakobson)赞同费道罗夫两种语言可以对等翻译的观点,认为任何语言都具有同等表达力,但在翻译中需要克服结构上的差异,以保证译文与原文等同(2000:227—232)。纽马克(Peter Newmark)区分了"交际翻译"和"语义翻译"两个角度的等值翻译,认为"交际翻译"追求原文和译文读者尽量类似的反应;而"语义翻译"则追求译语语义和句法框架允许下,能准确地再现原作的上下文意义(Newmark,2001:39)。

可见,上述等值概念强调的是功能上的对等,而不是形式上的一致。"形式对等"注意字词句概念的对等,是最低层次的翻译要求。为了克服仅从语义出发讲求形式对等的局限性,奈达提出与之相对的"动态等值"概念(后来奈达将其修正为"功能对等"),即翻译时用最恰当、自然和对等的语言从语义到文体再现源语的信息,不求文字表面的死板对应,而在两种语言间达成功能上的对等(Nida & Taber,1982:12—14)。奈达的翻译理论是最早较系统地介绍到我国的西方翻译理论,他的"等值"

"等效"思想在我国译界影响巨大。

　　尽管等值翻译的呼声高昂,国内外也不乏对"等值"概念的质疑和评判之声。威尔斯(1982)认为,译者因素、话语因素、接受者因素三者的存在,使等值成了一个难以操作,意见难以统一的概念(廖七一,2006:121)。但威尔斯同时指出,正是由于这些方面的差异,译文总有一定程度的缺少,不可能达到完全等值。有些学者对等值理论的批评更彻底。斯奈尔-霍恩比(Snell-Hornby)(2001)认为"equivalence"给人一种语言对称的错觉,模糊性强,歪曲了翻译的基本问题。国内的吴义诚(1994)分析了卡特福德、纽马克和奈达的"等值"观,认为"等值"一词"歪曲了翻译的基本问题",会引发"不同语言之间具有绝对对称的错觉","对翻译研究和翻译实践没有多大用处",因而他反对用"equivalent"或"equivalence"作严格定义的科学术语。可见,对等理论引起批评的主要原因是概念不清,翻译目标难以实现。但是事实上,等值理论的倡导者从没做出语言之间是对称的论断,而且卡特福德、奈达等从一开始就承认"绝对的等值是不可能的"(Nida,1984:14),纽马克也认为,等值理论不能解决所有的问题,在两种语言的翻译中,意义走失是难免的。

　　人类对客观事物的认知具有共同性,这是语言等值翻译的基础。但是由于地理环境、历史传统、风俗信仰、社会经济制度以及语言结构、思维方式的差异,两种语言在语音方式、词汇范围、语义色彩和语法范畴等方面很少表现为一一对应的等值关系。所以说,等值翻译总是相对的,绝对的等值是不存在的,两种语言间的差异(不等值)正是翻译的意义所在。

　　除了译者不可避免的主观性和用户之间的差异,双语词典的特殊性还体现在为其复杂文本——脱离上下文的孤立源语词目在目标语中寻找意义相等或接近的对应词,涉及两套语言符号的对应转换。英语和汉语分属汉藏、日耳曼不同的语系,两种语言内容的构成要素有差别,本质上难以形成一对一的对应关系。据统计,英汉两种语言中,只有40%—50%的对等词(许渊冲,2012:84)。而且"语言中并没有什么充分至极的规律性"(L.Wittgenstein,2009:Part I,♯207)。大部分汉英词语的不完全对等,繁杂孤立、缺乏规律性等原因造成了汉英武术词典编译的最大困难。

　　汉英武术词典释义实际上就是"用最切近的自然对等语"(the closest natural equivalent)将以汉语为源语的武术术语、口诀、谚语等词目对译为英语。"从形式到意义、从文化到文体",对等翻译是分层次的,每一层次的地位和意义不尽相同。"首先是意义,其次是文体",有时候,"为了保留意义,必须改变形式"(Nida & Taber,1982:3—5),形式很可能掩藏源语的文化意义并阻碍文化交流。是故汉英武术词典可以采用对比语言学的方法,了解两种语言对应的存在条件、意义、形式和风格,遵循意义优先(包含文化意义)、兼顾形式、文体的原则,完成语言符号表层及深层信息转换的翻译任务。

　　奈达提出的"零位信息"(zero message)及其功能补偿也很值得汉英武术词典词目翻译的思考和借鉴。奈达以"white as snow"这一成语为例指出,世界上有些地方一年到头都不下雪,人们从未见过雪,语言和思维中也没有"雪"的概念,如果按照字面意思直译为"白如雪",就会出现"零位信息"现象,使得翻译毫无意义。纽马克把这种词称为"空词"(empty word),也有人称之为文化空白词(cultural blanks),意思是"原语词汇所承载的文化信息在译语中没有对应"(包惠南、包昂,2004:10),一个语言的文化负载词(culture-loaded words)一般是另一个语言的文化空白词。斯文森(B.Svensen,1993:143—145)就源语与译语的对等关系而言,区分了三种类型的等值:完全对等(complete equivalenece)、部分对等(partial equivalenece)和不对等(no equivalenece)。其中的"不对等"词与"零位信息"词属于同一概念,"部分对等词"则指两个词在其所在的语言中有许多不同含义,其中只有一个或数个词义对等概念,"部分对等词"补充了"对等"与"零位信息"或者"空词"之间的空白。"零位信息""部分对等"和"不对等"词在中西文化迥然有别的武术语言表达中表现非常突出。

　　奈达指出,"零位信息"的出现会造成翻译的最大障碍,在翻译时要跨越"零位信息"所造成的语言文化障碍,需要功能补偿。当目的语与源语表层意义相似但无法传递深层文化内涵意义时,翻译只能放弃源语的文化喻像移植和单纯形式上的转换,而采用直白浅显的译语形式把原文词语文化内涵意义补偿阐释出来,或者借用译语中的文化喻像来补偿翻译,以便让目的语用户领会原文的文化信息。"通过补偿,使译文能够显露原作的优点,或使原作通过翻译升值"(西风,2009:57),根据功能补偿原则,汉英武术词典的词目翻译难以找到等值对应词时,可以采用文化释义、借用、加注等辅助手段来补偿词目概念。

"等值翻译"是两种关系的对等:"一边是原文对原文的接受者,另一边是译文对译文的接受者。同一信息,用两套不同的语言,接受者不同,却要产生出基本相同的效果,这就是等效翻译的主要原则"(孙迎春,1999:14—15)。功能对等以读者导向,强调译文读者和原文读者心理反应的对等,即"译文能使译文读者在读完译文后产生和原文读者读完原文后类似或等同的心理感应或感受"(Nida,2001:86)。泰特勒、奈达、纽马克等把读者反应原则纳入翻译标准,对词目翻译研究意义重大。读者/用户视角是积极型词典的立足点,只有关注词典用户认知水平、认知心理、实践需求的汉英武术词典才有可能接近最贴切的自然对等。

"等值"不是照搬,而是基于源语和目的语读者相似反应的,语义和文化信息接近的功能对等。翻译理论为汉英武术词典词目释义提供了良好借鉴。传统汉英武术词典由于忽略语言差异和翻译理论的指导,乱译、误译想象比比皆是。现代汉英武术词典要遵循等值翻译理论解决"自然语言差异性",而不能毫无章法地死译硬译导致"人为语言差异性"。

3.2.2.2 翻译美学理论对汉英武术词典翻译的启示

中国传统译论,无论是理论命题还是方法论,都有着深厚的美学渊源,从佛经翻译史上的"文""质"之辩,到近现代严复的"信达雅"、朱光潜的"艺术论"、傅雷的"神似说"、钱钟书的"化境"以及许渊冲的"三美论",都彰显着特定的审美倾向和审美情趣。荷马史诗翻译家查普曼(George Chapman)认为成功的翻译必须抓住原作的"神"与"韵",使译文犹如原作之"投胎转世"。所以说,语言求美,表达趋美,是人类语言的共性(毛荣贵,2005:前言)。

武术是华夏民族的文化瑰宝,不仅具有强身、健体和技击等实用功能,还"凝聚着中国哲学的智慧、美学的意境、艺术学的神韵、文化学的精神"(陈青山、王宏,2003:148),具有独特的艺术审美价值。武术的名称、意境、气势等处处闪耀着美的光芒,美是武术的灵魂。构成审美活动的两个基本要素是审美主体和审美客体,从审美客体看,武术语言凝练精致、动人心魄,主要表现有语音美、语义美和语体美。

(1) 语音美

语音美是指语言有节奏、押韵、顺口、悦耳。世界上的每一种语音,每一种语调大都具有一定的表感功能。高音清脆嘹亮,低音低沉厚重;汉语中的扬平给人以轻快活泼之感,仄韵给人以沉重压抑之感;英语中 /s/、/f/、/ʃ/ 等清辅音有轻柔感,比如"迎风拂尘""蜻蜓点水";/p/、/b/、/t/ 等爆破音则有清脆感,如"栽碑""盖掌"。武术语音美主要表现在武术术语、武术口诀和谚语的节奏与韵律中。

武术口诀和术语充分利用中国古代近体诗的韵律结构,读来朗朗上口,心中愉悦的感觉油然而生。比如:

(3-1)"远掌、近肘、贴身靠",采用了七律的韵律结构,其中的 2+2+3 节奏,平仄起伏、音韵和谐。

(3-2)"迈步如行犁,落步如生根","2+3,2+3"的五音节音段,抑扬顿挫、节奏明快,符合五律、五绝的韵律结构。

"单刀看手,双刀看走""行家一伸手,便知有没有""一寸长,一寸强"等,大量运用押韵手段是武术表达的一种特色。以"长见短,定要缓;短见长,必要忙"为例来看,首先其音节整齐,前后句押韵,其次,因为押韵,三字句的重读落在第三个音节,读来铿锵有力,自然强调了其中的"短""缓""长""忙"。

还有不少武术口诀采用间隔反复的修辞,如"一日练,一日功,一日不练十日空""欲动先静,欲刚先柔,欲取之必先予之"等,缠绵跌宕、节奏优美。

此外,相当一部分武术动作采用"四字格"形式,从音律上看,"四字格"大多能平仄相间,比如"偷梁换柱""白鹤亮翅""野马分鬃"等,体现出汉语声调特有的节奏感和音乐美。

（2）语义美

语义美是指语言所蕴含的深远的意境。武术的语义美是指武术术语在反映概念语义之时，同时能体现丰富的外延意义，隐喻折射人们的志向、希冀、情趣与追求等，从而唤起用户美的想象与联想。

汉语是表意文字，不仅重韵律，还注重意象。武术动作名称一般根据动作形象或动作技击含义而命名，如"猴拳"之名，其如猴子一样跌、扑、滚、翻，机灵、敏捷的形象跃然眼前，故猴拳的特点——步履轻巧，身体敏捷，缩脖耸肩，瞪眼提眉等无须赘述，"猴拳"之命名简练贴切，传神逼真。再如"坐莲步"，该动作两小腿在身后交叉，两膝跪地成一横线，臀部坐于小腿上面。一个简单的步法，以"坐莲步"命名，马上让人联想到成语"莲步轻移""步步生莲"和诗句"盈盈莲步尘动""莲步凌波分外妍"，产生身姿婀娜、活泼可爱的意象之美。"玉女"是指美女、仙女，"玉女穿梭"简洁生动，用美女形象概括了"弓步、转身上步、架掌、推掌"系列动作，其所刻画，情趣盎然、惟妙惟肖，富有感染力。"大鹏展翅"的高远、"黑虎出洞"的威猛、"手挥琵琶"的优雅，武术动作和招式，名如其式，意境幽远，尽显中国语言文化的神韵，促生了无限语义之美感。

松、竹、梅，素有"岁寒三友"之称。松，《论语》赞曰："岁寒，然后知松柏之后凋也"，"松"象征坚贞，意喻君子素养；竹，"玉可碎而不可改其白，竹可焚而不可毁其节"（《三国演义》），象征君子高雅气节，是不染世俗，不迷名利的代表；梅，"零落成泥碾作尘，只有香如故"（陆游，《卜算子·咏梅》）象征傲骨，表达君子不趋炎附势的个性。"松、竹、梅"寄托了中国人的美好愿望和志趣情怀，被广泛应用于武术术语的立意造境中，比如："站如松""一指梅""势如破竹"等，自然也蕴含了君子高洁气质之义美。

由于武术语义美大多是意内言外，难以形诸笔墨者，翻译时如能尽显其一二，不胜妙哉！

（3）语体美

陈望道曾将语体简单地定义为"文体或辞体就是语言的体式"（1997：256），语体是人们在不同社会环境、针对不同对象、使用不同语言进行交际时所形成的常用词汇、句式结构、修辞手段等一系列语言特点,所以语体美主要指字形、短语或句子结构等可视性语言特点。就武术而言,语体美主要表现为四字格和比喻、对仗、顶真等修辞手段。

　　四字格是汉语成语的常见形式,也是武术动作和技击名称最显著的特点,如"玉女穿梭""偷梁换柱""黑虎出洞"等。四字格最符合汉语文化"以偶为佳""以四言为正"的审美要求,是最具有汉语文化特点的庄重典雅的形式。古人崇尚对偶——"天"对"地","日"对"月","山"对"川",偏爱结构相同,平仄相对的上下联。四字格字数最少、结构却最灵活,比如主谓宾结构的"玉女穿梭""风扫梅花",动宾并列结构的"偷梁换柱""搂膝拗步",和形名并列结构的"龙形猴相""虎坐鹰翻"。四字格精炼巧妙,体现着汉字文化特有的形式美。

　　武术术语的语体美还体现在大量比喻、顶真、对仗等修辞手段的运用。比喻使用最普遍,比如"眼为心之苗""枪出如飞箭,鞭舞若转轮",类比贴切、形象生动;平衡或对仗类的对称美乃美学的一个重要的法则,比如:"彼不动,己不动,不占人先;彼微动,己先动,不落人后",排列整齐,给人以对称、平衡和谐的感觉;顶真(或称联珠)是用前句的末尾作下句的开头,首尾相连两次以上,从而使邻近的语段首尾蝉联(陈望道,1997:216),比如"引则动,动则隙,隙则击"。这种循环形式使句子环环相扣、重点突出、结构整齐。

　　由此可见,武术具有语音美、语义美和语体美的特征,武术语言的每个层面都蕴含着美的因子,语音美悦耳、语义美怡心,语体美爽目,语音、语义、语体诸"美"相辅相成,共同传达着武术语言的审美信息。美是武术的基本要素和精髓,忠实通顺是龙,美感效应是睛,画龙须点睛。如果只用忠实通顺的标准来翻译,犹如画龙未点睛,武术译语将会暗淡无光,甚或美感消失殆尽。故音义体兼修,方能成就佳译。

　　翻译不是单纯的语言转换,而是译者解读原作美并将其转化、移植到译文中的一种审美和创造美的过程。翻译史上任何佳作,无不是译者创造的美的呈现。为此,在汉英武术词典的词目翻译中,译者应在遵循忠实通顺翻译原则前提下,充分发挥其审美主观能动性,利用译者语言再现审美客体——武术语音、语义、语体之美。

3.2.2.3 文化翻译论对汉英武术词典翻译的启示

1978 年,哈曼(Talât Sait Halman)首先提出文化翻译(cultranslation)这一概念。但是早在 1964 年,奈达就指出语言和文化不可割裂,意义直接或间接取决于其相应的文化(2002:286);纽马克不但赞同奈达的观点,甚至把文化定义为"一个区域内人们特定的生活方式及用特定语言来再现其表现形式的总和"(1988:94),认为语言与文化紧密相关,语言传递各种文化信息。文化翻译是指任何不仅对语言成分而且对文化成分进行敏锐处理的翻译。这种敏锐处理表现为以明白易懂的译文向译入语读者介绍源语文化,或者在译入语中找到在某种程度上文化"对等"的成分(Shuttleworth & Cowie, 2004)。苏珊·巴斯奈特(Susan Bassnett)是文化翻译理论的重要倡导者,她提出翻译的目的是"使译文在目的语文化中起原文在原文文化中同样的功能"(Bassnett & Lefevere,1990:8),她分析了语言、文化和翻译间的关系,认为文化犹如人的身体,语言是人的心脏,任何把语言独立开来看待的翻译行为都将是危险的(2006:22)。是故文化是理解语言的基础,语言翻译必然关涉文化调适。

文化翻译理论的提出,实质是针对翻译中两种文化因素的冲突,意在解决语言文本中不完全对等词和不对等词,或者说文化负载词的翻译问题。文化负载词,姚喜明、严苡丹等称之为文化特色词,是某种文化中特有事物的词、词组和习语,它们反映了一个民族有别于其他民族的、独特的活动方式(廖七一,2006:232)。在漫长的历史进程中,文化负载词日积月累,蕴含了丰富的民族文化意象。

植根于民族文化的武术语言承载着丰富的文化负载词。文化负载词的内涵意义给外延意义添加上了一抹特殊的文化色彩,大都有着情感意义的限制。例如,汉语中的植物"松、柏、竹、梅、菊",动物"鸳鸯、虎、金、玉",颜色"红、白"等常常会勾起国人丰富的联想。所以自然而然,武术术语"一指梅""玉环步""红拳"也蕴涵着美好的情感意义:梅——高洁、坚强、谦虚;玉——纯洁、高尚;红——美好吉祥、幸福红火。但是这些词外延意义之外被特定文化所赋予的内涵意义,基本不会在一个对中国文化缺乏了解的外国人身上起到同样的作用。所以文化负载词是武术翻译的重点和难点。文化翻译是汉英武术词典用户语义解码的一个关键因素。

时下的汉英武术词典释义和对译往往只表述词汇的表层意义（词汇意义），而不关注词汇的文化意义、情感意义，或者即使有描述也往往语焉不详。以《英汉汉英武术常用词汇》的"花拳"为例：

(3-3-1) 花拳　flower boxing

这种消极译义只是简单地找出英语的对应词条，只关注了表层的语言信息，毫无涉及与"花拳"相关的拳术起源、特点等文化内容，释译不充分，完全没有体现武术文化特色，令词典用户很是茫然。现代汉英武术词典要引进文化翻译策略，对原文的信息内容加以某种改变使之符合译入语文化，有助于译入语读者全面、系统地考察词汇的社会文化意义，深度理解隐藏的语言信息。比如，"花拳"词条试改为：

(3-3-2) 花拳　*Huaquan* or flower boxing: a school of Chinese boxing characterized by its imitation of the forms of pear flowers and plum blossoms. The feature of this boxing is its close organization of movement and flexible art.

翻开任何一部武术词典，几乎每一页都见这类语义丰富的文化负载词。数量之大，可见千年民族文化浸润影响之深。武术文化负载词大致可以分为以下几类：

① 武术行话、口诀、谚语等民俗风情词，如亮相、本门、拆招、洗髓、易鼓、拜把子、踢场子、跑江湖等武术行话术语；腰如轴立、手似轮行，一日练、一日功、一日不练十日空，术以柔为刚，眼以心为苗以及双峰掼耳、拨云现日、古树盘根等口诀谚语；

② 动植物比喻文化词，如一指梅、站如松、狼筅、鹰爪、黑虎拳、螳螂拳、麒麟步、龟背功等；以动物特征喻指各种功夫的特色，比如"鹰爪"，象征迅疾有力；

③ 姓氏、人名、地域等专有名词，如少林如意圈、峨眉派、苗刀、木兰拳、醉八仙歌等；

④ 数字缩略语,如三路、八法、十方、十二型、二十四要等。

上述各类条目,既反映了武术领域丰富多彩的社会文化信息,又突出了武术用语的文化特色,覆盖面广泛。其中第一类武术文化负载词包括武术俚语、行话、口诀、格言、谚语和成语典故等,民族文化底蕴深厚,基本属于他语言的文化空白词,是武术翻译的最大难点。此类精心收录的格言、引语和武术口诀等,对汉语语言使用者来说,大多耳熟能详、家喻户晓,但是没有另一种文化作为参照,有时难免会"当局者迷",所以同样需要编者细细考究,耐心钻研。针对第二类文化负载词,编译人员要熟悉东西方同类动植物的文化内涵,以免造成文化误读或偏见。第三类是和中国地域文化、姓氏文化密切相关,同第四类一样,如果只有单纯的消极对应意译,没有文化解释,不可能传达其丰富内涵,也就难免会理解偏差。

语言离不开文化环境,文化是语言滋生的土壤,"词语的文化语境是理解文本意义的关键"(Nida,2001:274)。所以斯奈尔-霍恩比指出翻译过程不再被看作是两种语言之间的活动,而是涉及"跨文化转换"的两种文化之间的活动。翻译不是单单向源语提供对应的目标语,而是将源语文化移植到目标语中(Snell-Hornby,2001:8)。

武术文化纷繁复杂,文化负载词数量众多,选取武术文化的全息载体——词典,来梳理武术文化,有助于纠正武术语言和文化的发展不平衡状况,以促进武术文化的持续性发展和国际性交流。不同文化形成对世界的不同认识,武术术语和口诀是几千年武术文化发展的精华产物,表征着中华民族文化风情和特色。武术用户要想理解和学习武术,必须以了解文化为基础。有鉴于此,汉英武术词典应尽词典之能事、采用一切可行的手段传递武术文化,准确到位地表达武术语言的全部外延(denotation)与内涵(connotation),以帮助用户理解(解码)、掌握和使用(编码)内涵深刻的武术语言。

3.2.3 词典学理论的发展变化及其影响

历史上,对词典学(lexicography)的认识,从技艺说,到编纂活动说,再到科学说,一直是很不明确的,导致词典学缺乏统一的、科学的、规范的定义。比如,2009 年西班牙词典学家卡萨列斯(J.Casares)对词典学的定义:"一项把某一种语言的所有词收集在一起并解释和记录每个词的意义和用法的艺术"(转自李海斌,2013:47),就把词典学看成一门技艺。查阅哈特曼的《词典学词典》(*Dictionary of Lexicography*),词典学是"与词典和工具书相关的专业活动和学术领域"(2000,85)。这个定义虽不够科学规范,至少使人明白词典学包括词典编纂和词典研究两部分,研究的命题应该有按什么范围收词,按什么原则释义和针对什么目标编辑词典等。

词典编纂的历史悠久,词典学不是一门新生科学,但长期以来,词典研究大多集中在词典编纂的经验与技巧、词典与教学、词典评论等方面,把词典学当作一种技术或艺术(章宜华,2009:1)。现代语言学、认知心理学、文化翻译学等学科研究促进了词典学的发展,改变了词典编纂技巧论的观点。计算机技术的出现使大量文本信息的处理、储存、恢复等有了可能,为词典学成为一门独立学科带来了革命性的变化。本节意在分析词典学理论的发展对汉英武术词典编纂的启示。

3.2.3.1 词典类型学对汉英武术词典的启示

"对各类词典进行分析和归类的研究被称为词典类型学"(武继红,2002:14),词典类型学目的在找出各类词典特点,以探讨其不同于他类词典的编纂特点,从而有意识地避免门类混淆,用户针对性模糊的问题。对词典类型的忽视必将导致词典编纂丧失科学性、针对性和实用性。从 20 世纪 40 年代的谢尔巴,到 80 年代的卡希米、90 年代的哈特曼,不少词典学专家依据不同的标准和不同的视角,形成了不同的词典分类学说。国内外学者对各种分类学说都有过比较详细的述评,比如黄建华(1987:19—40),雍和明(2004:37—44)、林明金(2006:1—6)、姚喜明、张霖欣(2008:17—21)、Henry Bejoint(1994:32—41)等。当前词典分类存在的问题主要有划分依据不一、抽象度不高;有些门类混淆导致每一种词典按其特征通常不止有一种归类,或者分类比较粗疏、不严格等。但是不能否认,词典分类的这些尝试性研究,为之后词典学的发展提供了借鉴。

词典分类依据不同,类别复杂,比如伯克将词典按收录内容、结构与编排方式、参照信息进行分类;而兹古斯塔则按词典宗旨、时间跨度、收录规模等对词典进行分类。但是一直以来,各种类型划分并非绝对,总是存在这样或那样的重叠交叉现象。张后尘就曾经指出"要语文词典绝对不收百科条目、或百科词典绝对不收语词条目,是不现实的"(1995:151)。而且,由于新型词典层出不穷,交叉学科发展迅速,计算机信息技术、语言学研究成果在词典编纂中的应用等原因,工具书种类和数量急剧增长,所以几乎所有分类都难以界限分明、层次清楚地涵盖当今各种词典类型。

虽然词典的类型错综复杂,但还是有些分类被广为接受。按照所编纂或研究的侧重点不同,词典分类不同。比如按照收录内容区分为语文词典和百科词典,语文词典主要"与语言中的词汇单位及其全部语言特征有关",百科词典主要是"解释词汇单位所指客观对象"(兹古斯塔,1983:273),斯文逊也有类似的语文词典和百科词典的区分描述(Svensen, 1993:2);按照所涉及的语种分为单语词典和双语词典,"双语词典的编写涉及两种语言—来源语和译入语",其"编写方针和方法必然同编写单语词典有所不同"(吴莹,1985:114);按照词典收词范围和词目信息可以分为综合词典和专科词典,专科词典只收专业语言某一领域的词汇;按照词典服务对象可以分为外向型(为外国人编写)和内向型词典(为本国人编写);按照功能分为积极型和消极型词典,消极型词典主要功能是查考,而积极型词典是以查考和产出为主导功能的词典。贝尔根霍尔茨与塔普(Bergenholtz. H & Tarp. S)(1995:60—61)区分了文化依赖性词典和文化独立性词典(culture-depend and culture-independent dictionaries),文化依赖性词典的主题依赖于特定地理区域的文化和历史,具有地方特色,因国家不同而不同,因语言团体不同而不同。文化独立性词典的主题不会随着国家和语言团体的变化而变化。文化依赖性词典和文化独立性词典的区别对于编纂文化类词典具有深远的意义

为明确汉英武术词典编纂方向和词典用户群,使词典编纂有的放矢、保障词典生命力,在着手词典编纂以前,词典编辑必须意识到词典分

类对科学、有效、先进的词典编纂的指导意义。首先,汉英武术词典收录内容主要有基本功法、拳种、器械、技术、歌诀等,为查检、学习武术英语编纂,很明显属于专科语文词典,所以词典收录内容要体现武术专科性,释义语言要准确。其次,汉英武术词典涉及两种语言,属于双语词典。单语词典面向知识,双语词典面向交际,所以双语词典并不只是多用一种语言而已,它在释义内容、编排结构等方面和单语词典有着质的差别。从本章上述问卷得知,汉英武术词典要发挥作用,必须保障词典用户查检和语言生成性交际的双重需要,也就是要以积极型为导向;再有,由于武术的文化独特性,汉英武术词典隶属于文化依赖型词典,所以编纂中不能忽略文化信息的传达。从以上问卷也可以看到,词典用户希望词目释义能提供文化内容,大都对词目或术语所反映的文化信息都表现出浓厚的兴趣,希望词典能够成为他们跨文化交流的桥梁。汉英武术词典面向的预期用户为国内外武术工作者、爱好者,包括科研、教学、翻译和体育院校师生等,所以汉英武术词典属于外向型和内向型词典的结合。内向型汉英武术词典侧重英语表达,外向型词典除英语表达之外,还要关注国外用户对汉语词目的认知。汉英武术词典应该是双语、专科、语文、文化依赖性词典,同时是外向型词典和内向型词典的结合,介于两两之间。黄建华曾经在《词典论》(2001)中将收录科技词汇的双语词典《英汉科技常用词汇》划归"混合型"词典,以区别于他类词典,"混合型"深化了词典的分类层次,但是具有极大的模糊性。最后,从用户需求调查来看,新型图解词典、在线词典和电子词典等将新媒介词典成为汉英武术词典的发展趋势,弥补传统词典的不足。

对汉英武术词典进行分类解析,使之收容科学、层次鲜明、归类周密,体现中国文化特色,对编纂与时俱进、适应用户需求的汉英武术词典具有指导意义。科学合理的分类既能反映实际,又能指导实践,明晰词典类型可以避免词典编纂误入歧途。

3.2.3.2 用户理论对汉英武术词典编纂理论的影响

历史上,词典学长期被禁锢在语言本体主义的藩篱中,认为语言是一个封闭的自足的符号系统,由语音、词汇、句法和语义等子系统构成

（赵丹、张道振：2012：22），语言的发展和使用无关社会环境和主体的人。受语言本体论影响的是词典规定性、词典本体论、词典工具论，认为词典也是一个封闭的系统，编纂目的是要确立语音、词汇、句法和语义等的使用规范，词典只是语言检索求解的参考工具，词典编纂排除词典规模、类型、内容和词典用户等因素。受词典本体论影响，双语词典释义目的就是为源语的词目词在译语中寻找对应词，而忽视语言所赖以生息的社会、文化环境和词典目标用户的差异。

20世纪70年代末哈特曼与詹姆斯（Hartmann & James）（2000：32）从词典用户视角提出"用户友好"（user-friendly）的概念，意味着词典编纂重心由编者转变为用户的革命性变化。用户理论的提出拓展了词典学研究的视野，直接引发了双语词典跨越历史、文化，兼顾用户求解和应用广阔语境下的考察。在内容收录上，注重词典类型和用户需求；在框架编排上，注重词典的系统性和用户查检的便捷性，在词目翻译上，注重按照用户认知的认知规律描述、转换和补偿对应译目。

尽管我国辞书界已经认识到了词典用户理论的重要性，但是"从用户语言认知视角的研究还不太深入"（章宜华，2010：68）。根据本章上述调查，虽然在学习工作中，有36％的受访者经常用到武术英译，但只有不到一半使用过汉英武术词典。三本汉英武术词典出版二十多年，被弃而不用，没有在汉英武术学习中发挥作用，一定程度上与词典用户针对性差，没有很好地体现词典"以用户为中心"的原则有关。

用户决定着一部词典的价值。任何一部词典，只有正确地预见用户的种种需要，并设法加以满足，才能被社会、被用户所接受。在上述问卷和访谈中，受访者指出当前的汉英武术词典存在的问题有：各部词典释义不一致，无所适从；收词太少，需要的常见词都查不到；个别词典释义纰漏或者模糊等问题。有鉴于此，汉英武术词典编纂既要考虑词典双向的特点（外向和内向的综合，即目标用户包括操汉语以及英语的人员），又要顾及用户的认知水平和语言文化背景，使词典易学、易懂，检索信息全面，满足词典用户语言编码和解码的双重需要。

用户理论搭建了词典编者和用户有效沟通的桥梁，是词典编纂过程中始终要贯彻的理念。"用户友好"型汉英武术词典理解学习与使用齐发,产出与接受并重,不但可以方便外国用户群体理解使用,同样也方便国人翻译研究。从用户角度出发,探索汉英武术词典的编纂理论和研究范式,是现代词典学认识论和方法论发展的必然结果。

3.2.3.3　双语词典释义理论的变迁与影响

双语词典释义就是对词典词目的翻译,即在词典编辑过程中,以源语释义为依据,对每个源语词目在广泛语言环境中所具有的不同含义进行全面考察、分析、概括、提炼,然后用尽可能简洁明了(simple but expressive)的目的语"等值词"或"解释语"表述出来。词典学研究对词典编纂实践最大的影响是改变着双语词典的释义方式。释义变化主要表现在从规定到描写,从对等到多元两个方面的转变。

首先是从规定主义(prescription)到描写主义(description)的转变。词典史上一直存在着规定主义和描写主义之争,规定主义所奉行的质量标准强调词典编纂的依据是"最好的语言使用者",比如经典作品和名人名言等。规定主义认为词典编纂目的是"固定我们语言的发音,促进语言的成熟,保持语言的纯洁,确立它的用法,延长它的持久性"(塞缪尔·约翰逊,《英语词典》序言)。换言之,词典编辑以规范语言、净化语言为使命,教导用户如何正确使用得体的英语,如 king's English 或 queen's English(陆谷孙,2000:78)。词典鼻祖约翰逊的《英语词典》(1755)最早采用规定主义原则,满足了各方面正处于上升时期的"控制语言发展与净化英语语言"(曾东京,2007:77)的需要。

在规定主义原则指导下,词典编纂目的是确立标准的词形、读音、释义和标准规范的用法等(李明、周敬华,2002:150),以引导词典用户使用规范的或者标准的语言。经历千年中华文化浸润的武术术语含有为数不少的多音字、生僻字、多义词,规定主义原则有助于汉英武术词典规范武术术语、口诀、歌谣和成语的得体用法。

规定主义有助于词典履行语言规范化的天职,但是其僵死硬化的释义标准不能满足双语词典用户的理解和使用的需要。20 世纪初,描写主义作为语言研究的主要方法逐渐取代规定主义,描写主义主张词典释义要如实地反映语言,而不是规定语言如何使用,所以词典"不再被认为是规定正确使用语言规范、裁决语言用法对错是非的法官"(雍和明,2003:21)。

美国描写主义的重要代表人物萨丕尔(Edward Sapir)还强调语言的思维功能和社会文化功能,认为语言与文化关系密切,不同语言有不同的范畴和概念,所以语言既是表达思想、又是创造思想的工具。认识和掌握语言间的差异与语言差异所体现的文化差异,才能克服语言交流中的障碍。萨丕尔思想对词典编纂的影响是重视文化对语言的影响,语言对思维的影响。词典描写论的代表戈夫坚持词典"必须是描写的而不是规定的"(Bejoint,2004:117),主张词典释义从语言的角度描述词语,并从社会和文化的角度剖析词语。尽管词典描写论因释义啰嗦冗长受到词典学家的批判。但如今描写主义的观点被越来越多的词典所接受,并逐渐成为现代词典编纂的主流。描写主义是探索词典本质、实现词典功能的全新视角,从根本上改变了词典编纂和研究的方向。

规定性是专科词典的权威保障,描写性是双语专科词典释义可读性的有效补偿。故汉英武术词典要根据描写和规定兼顾的思想,在提供对应译词的同时,要尽量呈现词目的文化内涵,以体现民族语言和思维的特性,但避免冗长的解释性信息。

其次是从对等到多元的释义转变。兹古斯塔将双语词典的词目译义归纳为两类,翻译对应词或插入对应词、解释性对应词或描写性对应词(1983:439),吴克礼(1985:130)也给出了类似的词目译义分类:一类是对等的,另一类是解释性的。翻译对应词或者说对等词属于源语词目在目的语中相似或尽量接近的对释,往往可以直接插入目的语交际,实际是一种跨语言的同义替代法。解释性对应词或描写性对应词是目的语中辅助释义的语言信息,这类词虽说是词,但也可以是短语或者句子。解释性对应词可以表达词目意义,但是不具有插入性,不能在目的语交际中直接借用。所以有些学者认为解释性对应词或描写性对应词不能反映词目的使用范围,无使用价值,应该尽量避免使用。

受此释义思想影响,国内早期的双语武术词典基本采用对应词译义法。偏重于词目对应译词的这种消极型词典常常忽略隐藏于源语潜意识背后大量"习而不察"的文化知识,导致信息提供不足。正如上述汉英武术词典使用调查所证实,对应词释义的传统消极"解码型"汉英武术词典远远不仅不能满足词典用户的理解需要,而且容易造成文化误读和语言信息的遗漏。20世纪后期开始,国内双语词典编纂不再停留在传统的翻译对应还是解释性对应词之争上,而是紧跟词典学发展的步伐,吸收语言研究的最新成果。胡开宝指出:"双语词典翻译所涉及的语境条件很欠缺,并因此表现为静态性和多元对应性"(2005:79)。静态性决定了双语词典可以想方设法采用多种对应手段,比如文化注释、图解、视频说明等以反映词目各种信息。

所以汉英武术词典不能局限于提供对等词,或者单纯的解释词的概念,而要从词典用户角度出发,多层次、多角度地着意对词目准确到位的描述,以尝试多维释义驱动的意义构建模式,为词目词提供充足的语言文化信息,帮助词典用户正确地解码和编码。

3.3 汉英武术词典编纂的整体架构特征

汉英武术词典根据词典用户的需要,有选择地收录和描写武术词目,供国内外武术学习和研究人员使用,因此汉英武术词典的编纂应从国内外用户学习和使用武术的实际出发,不拘泥于传统的武术词典和汉英武术词典的编纂原则和框架,而要在吸收借鉴基础上,有所突破,有所创新。汉英武术词典除了应具备汉英词典科学性,规范性、准确性的共同要求外,还要考虑用户需要和词典针对性。具体来说,汉英武术词典应该是多功能的(兼具知识、交际和文化传播功能),结构友好的(具有层次性、科学性、系统性特点,方便用户查询和理解),释义到位的(遵循规定和描写相结合的等值原则、意义和文化并重的交际原则、自足与关联相结合的系统原则、尊重源语形式的美学原则)。

3.3.1 汉英武术词典的功能特征

满足用户需求是积极型专科词典一切功能设置的出发点。从汉英武术词典用户需求调查来看,相当比例的词典用户声称释义准确(70.9%)和收词全面(63.28%)是词典满足他们科研、翻译、教学、学习等方面交际需求的必备要素,同时,72.03%的词典用户一致认为文化释义是词条结构中的重要成分。功能语言学认为语言具有社会和文化等功能,作为语言载体的词典要能集中履行某些功能。

3.3.1.1 知识功能

独立完成英国语言史上划时代巨著《英语词典》的约翰逊(S.Johnson)曾经说过:"知识分两种:一种是我们自身驾轻就熟的知识,另一种是我们知道往何处查询的知识。"第二种知识就是查询起参考作用的词典,词典为用户提供语音、释义、词性、语体、例证、搭配、词义辨析等多方面的语言知识。知识功能是词典的本体功能,任何一门语言知识的习得都离不开词典这个工具书。

汉英武术词典编纂的目的就是要以英语语言为媒介传播武术知识,任何想了解武术英语语言表达的用户都可以借助这个工具书寻求权威答案。知识功能是汉英武术词典的立足之本,没有知识性,何谈工具性?汉英武术词典的知识功能主要体现在收词立目和词目释义两个方面。

收词立目:汉英武术词典的知识性、专业性很大程度上依赖于词典的收词立目,这是武术知识的广度。不同数量、不同类别词目的收录使词典用户接触到不同丰富程度的武术知识。大多武术专业词典包含着丰富的武术知识,以1994年江苏科技出版社出版的《中华武术大辞典》(张山主编)为例,全书分"总类、人物、称谓、技法、功法、器械、拳种、套路、竞赛规则及裁判、谚诀、书刊、社团组织等共12大类,以类为纲撰写条目,收集各类有关武术词目约7 000条"。综观全书,通过编纂者大量的资料收集整理、去粗取精、去伪存真,《中华武术大辞典》所收词目能比较真实客观地反映武术知识全貌,其不仅注意收集民间,尤其是少数民族地区的武术内容及有关词目,继承和发扬武术传统,而且收录了相当数量的近现代武术词目,如武术赛事名称、国际武术交流组织机构,以及现代武术竞赛和裁判规则等。1990年人民体育出版社出版的《中国武术大辞典》收录词目达 16 类 8 000 余条,单兵械类一项就近七八百条。而从汉英武术词典收词立目的数量来看,现有的《汉英武术词汇》《英汉汉英武术常用词汇》和《汉英英汉武术词典》三本词典收词都停留在 3 000 条左右,远远不能反映武术知识的全貌,武术专业词典中"养生""保健""教学""弓矢"等条目在汉英武术词典几乎没有、甚至完全没有列入。由此可见,汉英武术词典在知识性内容上,可以借鉴单语武术词典地进行扩容。

收词立目关系着词典知识的广度,词目释义关系着词典知识的深度。武术专科词典和汉英武术词典由于本质的差别,不会在词目释义上完全一致,但是关系知识准确理解的要点必须要有阐述,否则就完全丧失了知识的深度,导致词典用户的一知半解甚或完全不解。以 1987 年蔡龙云主编的《中华武术词典》和 2007 年段平、郑守志主编的《汉英英汉武术词典》中的"五行"为例:

(3-4-1)［五行］　古拳家用金、木、水、火、土(五行)表示形意拳中的劈、崩、钻、炮、横五种基本拳法,或表示太极拳中的进、退、顾、盼、定五种步法。

(3-4-2) 五行　five basic elements in Chinese philosophy：metal, wood, water, fire and earth

对比看来,《中华武术词典》释义是:拳术借用宇宙五行说来表达太极拳或形意拳的五个重要的基本技术;而《汉英英汉武术词典》只是从中国的本源论哲学的角度描述了"五行"的内容,认为宇宙是由五种元素——金、木、水、火、土构成,但没有涉及"五行"词目的武术内涵,所以不符合汉英武术词典专科性的要求,缺少专业知识的深度。

总而言之,汉英武术词典必须具有知识功能,知识要兼具广度和深度两个方面,广度知识寓于词典的收词立目,深度则相当于词目释义是否系统、到位,只有广度和深度知识的结合,汉英武术词典才能帮助用户有效实现解码和编码的意图。汉英武术词典,根据词典类型、学科特点和用户需要,努力通过提供各种武术英语知识,以满足用户在武术英语学习或使用中的知识信息需求。

3.3.1.2 交际功能

"语言的一个重要功能是建立和维持合适的人际关系"(Jin & Nida,1984:44)。1972 年,美国人类学教授、社会语言学家德尔·海姆斯(D.H.Hymes)首次提出"交际能力"这一概念。海姆斯对乔姆斯基(N.Chomsky)"能力"(competence)和"表现"(performance)理论进行了补充和批判,指出交际能力(communicative competence)是一个说话者所具有的语法、社会和心理文化知识,以及运用这些知识的能力(Hymes,1972:269-293),显而易见,交际能力强调的是不同语境下恰当使用语言知识的能力。语言的基本功能是交际,通过语际转换来达到交际目的的翻译活动自然也是一种交际。

词典是语言和文化的载体,"跨文化交流的需求促使了双语词典的产生"(盛培林,2004:24)。雍和明在评析"词典工具论"和"词典语篇论"的基础上,提出了"词典交际论",认为词典"是编者与用户之间的交际系统"(2001:38)。作为解惑释疑、按一定方式编排的工具书,双语词典既涉及两种语言,汇集语言、专业科学或者文化生活等方面的词语信息,人们通过查检词典获得他们想了解的知识,借以实现交际目的,自然是其最基本的功能。

汉英武术词典的交际功能是指其编译的最终目的是培养用户在英语语境下的武术交际能力。人们在武术翻译研究、教学、学习中难免会遇到超越自己知识范围的武术英语表达困惑,为了推动学习和工作正常进行,就需要有途径能查阅了解这些武术英语知识。汉英武术词典是武术国际交流需求的产物,又是用户武术国际交流的工具。从编纂实践来说,汉英武术词典可以利用各种手段包括配图、释义、使用说明、词目编排、交互参照、参考书目等,构建一个从宏观到微观的积极型交际网络,以满足词典用户实践交际需要。

包含内容广、信息量大的汉英武术词典就像一部小型武术百科全书,几乎涵盖了使用者在实际交际中所能遇到的所有武术相关领域知识。而消极型汉英武术词典往往因为翻译困难、或者编者能力有限等各种原因遗漏很多武术专业相关内容。词目释义的清晰准确是词典实现交际功能的主要保障,如前用户调查所述,"未习拳,休习械"(Before learning boxing never practicing weapons)类似词典释义文本的不可阅读性将会成为汉英武术词典交际功能的一大障碍。另外,在文化背景完全两异的情况下,再清楚明了的语言释义也无能为力时,插图是最清楚生动的辅助方法,比如"舞花枪""绞剑""连环腿"之类的动作"杵棒""鸳鸯剑""雁翎刀"之类的器械,再多的文字描述都不如一幅简洁的图示发挥交际功能。一部用户友好型的汉英武术词典不会拘泥于简单的词目释义解惑,而会采取各种手段,比如使用说明、词目编排、交互参照、参考书目等,目标明确、有针对性地帮助用户解决交际过程中的实际问题。使用说明为用户掌握词典技能、快速查阅提供便利,提高词典交际的效率和质量;词目编排不拘泥于单纯的音序法或者字母顺序法,而是充分考虑用户认知水平和武术语言的特点,采用按项目、按类别,然后再音序法的符合编排方式,以防止割裂各类别的有机联系。交互参照通过挖掘各词目的内部关系和深刻内涵,有助于用户形成武术知识的有机体系;汉英武术词典中不曾涉及的武术知识,参考书目提供了查阅的捷径;附录对汉英武术词典的正文起到补充作用,同时也丰富了用户的文化积累。交互参照、参考书目和附录等都是通过扩充武术专业知识来满足用户当前、以后更深远的交际需要。这种编排,使汉英武术词典使用方便、顺手,充分体现"用户至上"的原则。

汉英武术词典与众不同的一个特点是其突出词典的交际功能。不再局限于给出词目简单的对应译词,而是充分考虑用户的具体需要,以各种词典手段教会用户如何主动交流,使其免于因交际信息滞后或缺乏而导致交际失败。一本包容性强、收词量恰到好处、释义精确详尽、图示简洁、检索方便、前后页码材料编排科学的汉英武术词典必然能满足用户在武术翻译、教学、科研、学习等方面的交际需要,赢得用户的钟爱。

3.3.1.3 文化传播功能

语言承载着文化,又是文化的重要组成部分,语言与文化息息相关,每一种语言都折射着不同的文化内涵。语言和附着其上的文化,是一张纸不可分割的两个面,语言只是躯壳,文化才是灵魂(罗益民,2003:33)。

双语词典跨两种自然语言,语言是社会文化的一面镜子。所以双语词典既是语言产品,又是文化产品,是与各民族文化交流的需求密不可分的。

首先,欧洲大陆各相邻国密切接壤的地理位置,和各国间的文化交往促生了大量双语词典的诞生。14 世纪,以意大利文艺复兴浪潮为发端,出于学习、研究古希腊古罗马文化的需要,各种双语词典,例如"英拉词典""德拉词汇""法拉词典"等纷纷问世,仅 70 年间,欧洲就"出版了近200 部各语种的双语词典,达到了双语词典百花齐放的历史鼎盛时期"(盛培林,2004:24)。国内,19 世纪初叶到清末不到 100 年的时间里,西方传教士事业的需要使大量双语词典的编纂出版成为晚清一个重要的文化现象。当时的词典编纂人员以西方传教士为主、中国知识分子为辅,共编纂出版了包括普通双语词典、汉语方言双语词典、专科双语词典三大类别在内的近 70 部不同规模的汉英、英汉双语词典(元青,2013:94),如 1815—1823 年英国伦敦会传教士马礼逊(Robert Morrison)编就了第一部汉英双语词典《华英字典》(*A Dictionary of the Chinese Language*, *in three parts*)①。新文化运动时期,在近代知识分子寻求救国道路,渴望西学的导向下,翻译被视为引进西方民主思想和先进文化理念的重要手段,作为语言交流活动媒介的双语词典,也相应地被推向一个高潮。如詹天佑编译的《华英工程词汇》(1915 年,商务应书馆出版),赵立言的《综合日汉大词典》(开华书局,1936)等。

所以说,双语词典是跨文化交流的产物,担负着文化交流和传播的基本功能。由于地理位置、历史传统、风俗习惯等不同,每一个民族都有与众不同的文化,蕴含这种文化传统的文化负载词普遍存在于每一种语言中。民族文化中孕育成长的武术,文化负载词最为突出。涉及异域异质两种语言文化的汉英武术词典,如果仅仅给文化负载词列出一个似是而非、貌合神离的对应词,对于词目释译与文化传播大都虽勉力而无济

---

① 《华英字典》全称:A Dictionary of the Chinese Language, in three parts. Part the first, containing Chinese and English arranged according to the keys; part the second, Chinese and English arranged alphabetically, and part the third, consisting of English and Chinese,由东印度公司在澳门出版。

于事。萨丕尔认为不同语言的概念和分类会影响语言使用者对于客观世界的认知,功能语言学家赞同语言具有文化渗透、意识形态捍卫等功能。武术是千古中华民族语言文化智慧的结晶,其特有的概念内涵外延和名目繁杂的种类决定了汉英武术词典解码编码不能脱离文化传播功能,否则武术将成为"无源之水,无本之木",而最终丧失民族性。汉英武术词典属于文化依赖性词典,文化是其灵魂寓所,脱离文化,词典将是行尸走肉。

从认知语言学角度看,"双语词典理所当然应该提供异族文化的信息,尤其是与本族文化相异的内容"(李明,1998:41)。汉英武术词典用户包括国外武术爱好研究人员,预期用户(prospective users)武术文化敏感度低,且没有武术"心理词典",更无从查阅相关文化知识。基于此,汉英武术词典如果不考虑用户认知水平,又不把文化因素考虑在内,英语译释只是干巴巴、没有生命力的消极符号对应,不仅不利于词典用户理解原汁原味的民族武术文化,更不会传达武术术语和口诀之内涵。而且传统汉英武术词典消极型对应词的翻译,使用户难免用自己的文化背景知识去理解武术词汇所表达的内容。但是事实上,很多情况下,源语翻译的对应词并不完全等同于译成的目标语词。比如说"剑走青,刀走黑"的"青""黑"等并不简单地等同于英语中的"blue""black";"站如松"的"松"远不仅是"a pine tree",而"金刚指""画戟""风水""三才""五弓"等词更难找到英语对等词。语言和文化同息共生,汉英武术词典必须要全盘考虑武术文化的导入和传播,对内涵丰富的文化负载词加以界定,才能真正体现词典"用户友好"的理念——既考虑用户理解接受能力,又顾及用户的语言文化背景。

武术蕴含着浓厚的文化信息,汉英武术词典是武术文化传播的重要载体。只有充分发挥文化传播功能,汉英武术词典才能真正实现释疑解惑的功能,否则就只是一副没有植入灵魂的躯壳,一具行尸走肉。

综上所述,查阅知识虽然是汉英武术词典的主要功能,却不是全部功能和唯一功能。汉英武术词典必须兼具知识、交际、文化传播功能,所以词典编纂中除了提供武术词目概念知识外,还要兼顾文化内涵和用户交际需要,以帮助用户在科研、翻译、教学、学习中理解和生成武术英语文本,包括书面或者口头文本。

3.3.2 汉英武术词典结构特征

编纂任何词典,在确定了规模、宗旨和目标用户后,就要考虑词典的整体结构,包括宏观和微观结构。从第二章的分析可以看到,当前的汉英武术词典编纂结构基本局限于经验性感悟,没有认真考虑词典结构和武术专业的特殊性,词典编排不合理。汉英武术词典在结构安排上有着不同于语文词典和其他专科词典的特殊性。

3.3.2.1 系统性

系统,按照《现代汉语词典》(第 7 版)的定义,是指"同类事物按一定的关系组成的整体"。无论是从形式角度,还是语义角度,结构主义和系统功能主义都赞同语言具有系统性,汉英武术词典编纂应该要体现这一结构特征,根据一定的编纂思想和原则汇集为一个系统的汉英武术知识库。系统性意味着词典的每一部分相互连接而不是彼此孤立。

传统的词典观把词典看作是知识查阅、咨询的工具,由一个个独立的词目按照一定顺序组成,每个词目都是一个独立的个体单位,彼此离散,不成体系,词典用户只是在需要时候分别查阅。但互不相关其实只是一种外在的假象,雍和明明确指出这种观点的弊端是人为地割裂了词条和词条之间的内部联系(2001:39)。

从语义观来看,语言的词汇结构可以被看成为一个意义关系的网络,网络中的每一条线都是一种关系,每一个结都是一个词位(Lyons,2000:102)。所以说,任何语言符号都"不是互不相关的一盘散沙,而是有组织、有条理的系统"(叶蜚声、徐通锵,2000:31)。同一个语义场(Semantic Field Theory)内的词都是以上义、下义、同义、反义、并义等关系而互相联系、互为补充。

从词典学看,一个语言的全部词语根据不同的语义特征划分为不同的词群,词群中的每个词都具有共同的属性,他们之间错综复杂,相互联系。所以,词典所反映的语言能力应该是一个有着系统组织方式的知识体系(陈曦、王红厂,2010:112)。词典中的各个条目,表面上看,互不相干，而实际上互相关联，"词典条目之间既存在相对的独立性又存在隐含的系统性"（孙迎春，2005：3）。

消极型词典常常缺少对词典框架和知识结构的系统性认识，忽略对词目认知关系的反映，这一缺陷对国外词典用户影响深刻。积极型词典会顾念用户水平和语言本质，充分体现知识结构的系统性。在词典的整体结构上，前页材料（front matter）就像编者和用户就词典主题的交流，起导言作用，比如汉英双语的词典简介、凡例、使用说明、词典术语缩略等，说明词典编写目的、意义和适用人群，并指导用户查找所期望的信息，当然还可以为词典正文的武术信息提供背景材料。词典正文（dictionary text）作为词典信息的主体结构，按照一定顺序、编码方式，系统性地将主题知识娓娓道来。正文设计决定着正文内部、正文和前后页材料之间是否能构建系统科学的武术知识体系，关系着一本汉英武术词典的成败，所以要充分利用一切系统性手段，比如分类编排、相互参照、扩展阅读、文化注释等使词典用户构建武术知识网络。后页材料（back matter）包括附录、索引等，为词典用户提供查检便利，同时补充正文中限于篇幅、难以集中表述的内容，对词典正文的信息起补充扩展作用，这是一个看似复杂，但实际上可以系统、有序、科学地进行组织的体系。编者如果忽略对词典的结构系统认识，割裂辞典内部的有机联系，成品词典将不利用户理解、查询和使用。

汉英武术词典的前后页材料，只有和正文密切相关时，才能起到画龙点睛的作用，否则就是画蛇添足。有些词典的前页材料，后页材料附了人体穴位图、器械规格、擒拿方法等，有助于词典用户系统了解武术，值得借鉴。汉英武术词典要整体编纂结构严谨，系统性强。

3.3.2.2　科学性

科学性是指词典编纂要有科学的编纂方法，主要体现在收词立目和内容编排上。

科学的收词立目不是说最全面地、毫无批判地将所有相关内容收入词典，而是根据用户需要和词典篇幅，有选择地收录和诠释词目。比较语言学影响下的双语词典关注语言的发展变化，对语言的历时和共时比较可以探究语言发展、变化的原因和轨迹,但是难免会收录一些古旧字和不同的语言变体,所以一定要把握好度,避免收录废弃字词,以免挤占词典的金贵篇幅。以常用词"武术"为例。武术历史上曾被称为"技击"术和"武艺",清朝始成武艺,中华民国时期改用"国术",现在大陆用武术,台湾称国术。"武术"词目释义时候,如果罗列所有的这些历史变体,不可能形成一个系统有序、可以按照一定的认知方式通达的心理词典。虽然信息泛滥太多不行,但是精简到只有一个对应译词也不合适。从核心义按照通适性递减扩散到相关义,才是适合词典用户的认知方式的科学编排。所以:

(3-5)武术 wushu,Chinese Gongfu,Guoshu(in Taiwan)

"wushu"属于原型范畴,占据首要位置,"Chinese Gongfu"包括国内国外的用户使用比例高,"Guoshu"是台湾的称呼,既是华人聚居地,又是民族武术的重要传播区。不超过三个义项的武术释义不会给用户造成认知累赘,符合科学释义原则。另外,虽然很多词典对"武术"词目释义列有"marital arts"义项,笔者认为不妥。按照第二章本研究讨论的武术概念,"martial arts"属于古语"武术"的翻译,侧重表达"军事技能",不能涵盖"武术"概念除了技击外的养生、健身、益德等特性。

释义中适当采用对比和比较的方法能揭示两种语言手段的异同,明确各自的特点,预见和排除源语的干扰。以"三才"为例。

(3-6)三才 head,hands and feet(in wushu);heaven,earth and man(in Chinese Philosophy)

"三才"没有简单的音译为"sancai",也没有只翻译其武术哲学含义,而是对比哲学和武术含义,并把学科义项置于首项,使词典用户能迅速检索到"三才"的专业意义,词典内容编排具有科学性。

汉英武术词典要取舍有度,去讹求精,不遗漏常用的、专业性强的武术词目,比如国内外最流行的24式简化太极拳,任何基本招式包括"野马分鬃""白鹤亮翅""搂膝拗步""手挥琵琶"等都不应该遗漏;也不能在收录"独立势"的同时,遗漏"千斤坠"(太极拳十大腿法之一,"独立势"又名"千斤坠"),或者在收录"腾空飞脚"时,忽略"二起脚"和"飞腿"(腾空飞脚,是中华武术的基本动作,也是跳跃动作中的一种。又称"二起脚",有的拳种称为"飞腿")。这就是参照优秀蓝本和专业人员参与的重要性所在,没有合适的蓝本,没有专业武术人员,汉英武术词典不仅难成体系,更称不上科学性。

市面上的三部汉英武术词典中,都多少存在收录词目不科学的现象,首先是收词量过小,三部汉英词典收词是 3 000 词条左右,与武术专业词典一般收录 8 000 余词条相比,达不到词典的专业需求;其次,三部词典在收词立目时未加甄别,比如"安舒""满分""帮助"和"暴露"等的词目不能视为专属武术词,词典只是中小型汉英武术词典,所以收录这类词汇不太符合双语词典的科学收录要求。

汉英武术词典收录的科学性还体现在各板块所占比重上。比如,忽略占武术语言相当比重的口诀歌谣,或者仅有两三页带过,肯定是不足的;而如果器械种类介绍,如十八般武器的演变,过于繁琐,或者不加选择的太多名人介绍,都不符合词典科学性原则。附录中,有些词典后面附了大篇幅的长拳、刀术、剑术、棍术、枪术规定套路内容分析表、主要剑法的特点、长拳、太极拳、南拳等主要动作组别表等,占了词典很大篇幅,如果是少量精化性图标,对词典有百益而无一害,但是如果篇幅过大,反客为主,则有喧宾夺主之嫌,成品词典将难言科学性。

总之,有科学性原则的指导,汉英武术词典才能科学、合理地体现武术知识体系。结构特征的科学性要求汉英武术词典在收词立目上要取舍有度,在内容编排是要注意比重安排。

3.3.2.3　层次性

语言系统和子系统都是有层次的,语音、单词、语法和句子,上位层次、下位层次等,功能语言学甚至使语言层次观超越语言本身。从乔姆斯基的"语言能力"(linguistic competence)和"语言运用"(linguistic performance)到卡纳尔与斯温(Canale & Swain)的社会语言能力(sociolinguistic competence),语言研究的重心从语言本体结构转向语言交际应用,人们对语言和语言学习认知过程的本质有了认识上的极大飞跃。在此推动下,从理解到应用,关注不同层次群体的认知需要已成为词典编纂的一个重要条件。

语言层次观视域下,词典是一个大的系统,大系统下包含若干不同层次的子系统。同级的子系统、同一子系统内部的各条目之间是并列关系,不同层级的系统之间则形成上下关系。任何词典都是多层次宏观结构和微观结构的有机结合。

比起他类专科辞典和语文词典,汉英武术词典的信息组织结构更有层次性。因为武术知识本身的层次性决定了汉英武术词典编纂和其他词典要有所不同。中华武术门类繁多,流派纷呈,以拳种为例,类分明晰、源远流长的拳种有130个,大派主要有太极、少林、八卦、形意,这四大拳种里又有好多流派,如太极就有陈式、杨式、吴式、武式、孙式等,太极拳又有手法和腿法之分,腿法最著名的又有高探马、十字腿、转身摆莲、左右金鸡独立等十种。同样,少林拳包含罗汉拳、洪拳、炮拳、通背四路等多个拳种(韩剑云,2010:2),每个拳种的动作名称也是复杂多样,纵横层次鲜明。

正所谓"比类相从,各有条目"(《汉书·刘向传》),汉英武术词典为了体现武术各门类之间和门类内部词目与词目之间的层次关系,分类目录宜采用层阶式词目编排:首先把所有词目按照主题分几个大类,比如,可以分为一般词汇、拳术、器械、谚语口诀、竞赛规则、组织机构与等级等,然后再在每一类下面继续分类,以器械为例,可以先分为器械名称、器械套路、器械动作;器械动作还可以分为刀法、枪法、剑法、棍法;枪法向上的动作又可以分为上扎枪、上平枪、上枪枪,如此反复,一直到最基层。

为避免层次性的词目编排所带来的凌乱,前页材料中要设全部条目的分层目录,便于词典用户了解武术专业知识的概貌,并按照知识门类检索条目;同时为方便不熟悉条目类别层次的用户检索查询,在后页材料中设所有武术词目的汉字笔画索引或者汉语拼音索引(考虑到外国词典用户,以威妥玛拼音或者汉语拼音索引为上),以形成一个层次清晰的条目分类系统。

层次性也体现在汉英武术词典的微观结构中。汉英武术词典微观结构以武术词目为中心,一切任务都是为了以目标语(英语)为工具,揭示词目词的基本信息,而词典用户认知水平和需求的层次性决定了汉英武术词典释义方式的层次性。武术发展历史悠久,古字生僻字屡见不鲜,如"碴""戟""掤"等,为了方便词典用户认识一些生僻字词,也为了方便外国人认读汉字,词目后要首先紧跟汉语拼音;然后是"等值"对应译目,再后是描写释义或文化诠释;对于语言释义难为其力的武术器械、技术功法等词目,可以辅以黑白配图或者简笔画;而对于一式多名的词目再加词条参照,以帮助词典用户扩展和加深武术领域的认识。对于汉英武术词典的微观结构来说,释义是词典信息的核心,汉语拼音是认读的基础,图示和文化信息是辅助,交互参照是释义的延伸,拼音标注、图示和文化信息、交互参照等起补充和强化词典功能的作用。

综上所述,汉英武术词典立足于武术领域的专业知识,在结构安排上要具有科学性、系统性和层次性,才能体例统一、检索便捷、编排合理、信息丰富、译义到位,从而凸显词典释疑解惑、服务用户的编纂宗旨。

3.3.3　汉英武术词典的释义原则

信仰、情感、生育、奋斗等人类的共通性决定了语言的共性和可译性,但"英汉两种语言对世界事物的概括存在着差异"(邵志洪,1997:6)的客观现实又带来了跨语言等值翻译的困难。黄建华曾经在《词典论》中指出:"释义这种思维方式为全人类所共有,而不同民族又表现出自己不同的特点"(2001:67)。词典释义不同于普通释义,武术翻译不同于文学和科技翻译,汉英武术词典作为文化依赖性词典,其词目翻译不同于单语(汉语)武术词典,更不同于其他类词典,而且汉英武术词典的词目翻译肩负帮助词典用户以英语解码和编码的双重任务,具有很多方面的特殊性,所以汉英武术词典要有适合自己文体、领域、用户特点的翻译原则。

3.3.3.1　规定和描写相结合的等值原则

汉英武术词典首先属于翻译类词典,为汉语武术词目寻找对应词是其翻译的核心和基本任务。所以,等值是汉英武术词典词目释义的前提。

规定主义的翻译奉行词典的权威性,以规范释义和标准用法为使命。描写主义主张词典释义要如实客观地反映语言。多勒鲁普(Cay Dollerup)指出"规定和描写之争的正确答案存在于翻译的语境中"(2007:12),所以翻译不仅要从语言的角度,而且要从社会和文化的角度剖析词语。词典释义是该遵循规定主义还是描写主义原则?实际上这不是一个孰优孰劣的问题,"规定主义和描写主义从来都不是完全对立的,二者是共生的,相辅相成的,只不过不同的词典有不同的主导趋势而已"(郝玉凤,2010:142)。

没有规矩,不成方圆,语言需要规范,才能成为有效的社会交际工具,词典则是"语言文字规范的有利工具"(于海江,1996:129)。译语对应词一般分为插入性对应词(insertable equivalent)、解释性对应词(explanatory equivalent)两类,其中插入性对应词"体现词目词的概括性、典型性或普遍性"(章宜华,2003:125),译义能尽量涵盖源语词目的所有意义,包括文化意义、比喻意义、情感意义等,具有原型范畴的概念特征。为了能灵活借用到交际语境中,直接替代源语词目,插入性对应词一般比较简练,而且作为原型范畴,是词典用户认知过程中最先关注的译义形式,所以插入性对应词翻译需要采用规定性原则,以保证词典的权威性和实用性。

双语词典释义的范围"不局限于对应词,而是对源语词位全部意义表征形式和内容的翻译,也就是用目的语对源语词认知语义结构进行重建"(章宜华、雍和明,2007:295)。所以,当规定不足以充分揭示词义时,描写是一个必要的辅助手段。也就是说,在难以找到对应词,或者只有部分对应或者完全不对应情况下,汉英武术词典只能转而另求解释性对应词,描写补偿所缺失的词目意义信息。解释性对等词一方面会揭示汉语词目词所有层次的意义,为用户提供多角度全方位的语义阐释,方便词典用户根据具体交际语境(比如书面、口头、或者教学、翻译等)选择灵活多变的译法;另一方面,解释性对等词从语言、文化、社会等角度的释义能拓宽词典用户的翻译思路和认知渠道。解释性对应词的翻译符合描写主义客观描写的原则。

插入性对应词凝练简洁,具有高度抽象性,稳定性,方便词典用户生成流畅的译语,但是汉英"文化距离遥远,语言差异性(antisomorphism)更大"(兹古斯塔,1983:405),所以汉英武术词目中,意义完全对等的插入性对应词数量不多。解释性对应词信息含量大,能帮助词典用户全面、透彻、准确地把握理解源语词目词的意义,但不能直接插入目的语语境生成流畅的译文。规定性具有权威示范作用,描写性具有解读释义的有效补偿作用。

所以,有鉴于插入性对应词和解释性对应词各自的利弊,汉英武术词典要恪守规定和描写相结合的等值原则。以等值翻译为前提,首先提供插入性对应词,以规范武术术语、口诀、歌谣和成语的得体用法,避免冗长的解释性信息;但是在难以找到意义匹配的插入性对应词时,要提供解释性对应词以补偿源语信息,体现词目的意义和文化内涵,避免规定性释义生硬僵化的翻译腔。描写和规定兼顾,释义中选择描写还是规定,还是二者兼之,要以遵循等值翻译为前提。规定和描写有机结合、互为补充,使汉英武术词典真正实现知识、交际和文化传播功能,满足用户理解和使用的需要。

3.3.3.2　意义和文化并重的交际原则

奈达提出"翻译就是交际",纽马克也认为翻译同语言一样,基本上是一种交际手段(王秉钦,1995:93),交际是出发点也是目的地。编纂汉英武术词典就是为帮助词典用户获得武术英语交际能力,包括书面和口头交际。

意义具有多重性,苏宝荣(2000:148)、陈长书(2005)等学者为了研究方便,主张把意义分为两种:表层意义和深层意义,表层意义是字面意义或者说概念意义,深层意义是言外之意,蕴含于字里行间。所以,汉英武术词典不但要注意词目的表层意义,还要注意揭示深层意义中的细微区别成分和附加意义成分。这些成分通常是以隐蔽的形式,很少直接表现,大多与文化相关。

在上述汉英武术词典需求调查分析中,对于多选题"您认为武术词条译解中下面哪些信息更重要",72%的受访者选择了"文化释义",说明大部分词典用户想了解武术词目所蕴含的文化信息。汉英武术词典的主题是武术,武术孕育诞生于千年绵绵不绝、意蕴深厚的中国文化,属于中华民族所特有,所以汉英武术词典是典型的文化依赖性词典。这从另一个角度印证了为什么上述调查中的汉英武术词典用户感到文化释义是武术词典必不可少的部分。语言与文化息息相关,汉英武术词典释义只有把武术文化因素考虑在内,才能使词目释义达意,使词典用户真正理解和应用武术词目。

作为文化依赖性词典,汉英武术词典释义要遵循意义和文化并重的交际原则。首先要兼重表层意义和深层意义的成分分析,力求译义准确达意,其次要运用各种释义手段,挖掘词目的附加意义和文化意义。意义和文化并重的词目翻译才能符合文化依赖性词典的要求,有利于词典用户对词目意义的深刻理解和交际应用。

3.3.3.3　自足与关联相结合的系统原则

对双语词典词目翻译的研究,大多集中在对翻译策略的探讨上,相对忽略释义系统的充分性和关联性。

"自足"(self-contained,adequacy)即充分,词典释义的自足性是指利用有限的微观释义空间,将源语词目的信息完整的呈现出来,使词典用户不需要查检词典的其他部分或是其他工具,就可以清楚明白词目含义。"自"强调词目微观结构内部释义的充分性、独立性。兹古斯塔曾经指出词典"每条词目可以说都必须自给自足"(兹古斯塔,1983:15—16)。词典各个词目之间相对独立,自足是词典释义的根本要求。但是不同的语言对于客观世界有不同的组织和切分概念,所指总是有所差别,或扩大或缩小,致使词典释义经常无法准确对应词目的所指。所以,自足是双语词典释义的一种理想,与现实总有一定的差距。语言是一个总的系统,系统内的词语意义上互相联系,组成一个小的系统,小的系统内部"词的意义中存在着语义依赖链条"(Cruse,2004:84),所以词典的词目和词目之间在语义上也是相互关联、相互依赖的。当释义难以达到自足的理想状态时,关联(relevance)释义是很好的一种补偿。关联是按照语言系统论和词典系统性的思想,把词典看作一个各部分互相关联、互为补充的有机体。关联释义实际是完善、深化和延伸译语对应词的信息,关联是语义自足的一个重要前提。

系统性是汉英武术词典的一个基本结构特征,根据自足与关联相结合的系统原则,一方面,汉英武术词典释义要克服传统词典只提供词汇层面对应的局限,依靠有限的微观释义空间,充分描述词目的全部信息,去粗取精、高度概括以保证释义信息自足,另一方面,汉英武术词典要按照语言的系统性,利用微观结构中的相互参照或者文化注释等方式组织释义内容,使上下义、顺义、同义、喻义、一词多义、多词一义等互相关联,帮助用户构建系统的武术心理词典。

3.3.3.4　尊重源语形式的美学原则

传统词典释义以词组式为主,比如《朗文当代高级词典》(*Longman Dictionary of Contemporary English*)第一版。近些年来,有些词典,比如《柯林斯合作英语词典》(*Collins COBUILD English Dictionary*),对全部的词条首次采用完整的句子释义(徐海,2002:31)。词典释义该采用词组型(解海江、章黎平等使用"短语型"表述)还是句子型方式,这是辞书界当前争辩不休的一个话题。

词组型释义内容简洁,句子型释义语言自然易懂,而且能为用户提供一定的语境(李思国等,2000:42;李明、周敬华,2002:237)。而从不足看,受结构主义影响,词组型释义过分强调语言的内部结构,忽略被释词所传达的言语活动(解海江、章黎平,2010:31)。词组型释义由于缺少上下文的语境,词典用户只能依赖注释、参照、附录等获取深度结构知识。而句子型释义所占篇幅太长,导致词典在相同篇幅内收词量减少(李明、周敬华,2002:237;黄建华,2001:124)。

综合词组型和句子型的特点和不足,汉英武术词典释义方式要尊重源语形式,即源语为名词、动词、形容词(如"如封似闭")时,译语采用词组释义;源语为句子型,译语采用自然语句释义,分门别类,具体情况具体分析。在词组型翻译中,对于一般词汇(如"阴阳")、拳种、器械等普通名词采用名词形式翻译,对于手法、脚法、腿法等技击动词采用动词形式翻译。另外需要注意一种特殊情况,主谓型词组(如"青龙探爪""孤雁出群")具有句子结构的组合特征,翻译时候宜采用句子型方式。

词组型释义方便词典用户把词目译义插入到各种交际语境中(可插入性),句子型释义则保证了词典用户可以直接替换目的语交际(可替换性)。尊重源语释义形式,可以克服单纯采用词组型或句子型的缺陷和不足,最大限度地保留源语的美学特点。武术翻译不是简单的语言转换,还是译者将源语文化和美感移植到译语的过程。而根据认知语言学、等值翻译和翻译美学的观点,汉英武术词典释义中沿用源语形式,能唤起词典用户同等或相似的言语活动心理表征,使语义能够等值解构和表述,译语自然,有助于词典用户理解和使用。

上述四个原则,规定和描写相结合的等值原则、意义和文化并重的交际原则、自足与关联相结合的系统原则、尊重源语形式的美学原则,是相互交织的,并不是孤立的,应视作汉英武术词典释义的一个整体原则,总的目的是凸显帮助用户理解和应用的词典功能。

第四章　汉英武术词典结构研究

根据贝尔根霍尔茨与塔普的研究,一部完整意义的词典通常可以分为三大部分:前面部分(front matter)、中间部分(middle matter)和后面部分(back matter),前面部分包括目录、前言、导论和用户指南等,一般位于词典正文的前面;中间部分就是词典正文;后面部分包括索引、附录等,置于词典正文之后。"内容简介"也可放在"前面部分",但按惯例,它通常放在封底(1995:15—16)。这种分类只是基于词典各部分的位置,而没有顾及各部分的功能。

如今,国内外词典专家学者更多采用宏观和微观结构分类法。微观结构(microstructure)是指词典词条中对所有信息的系统安排(Bergenholtz & Tarp,1995:15;黄建华,2001:67)。哈特曼把宏观结构(macrostructure)定义为"工具书中允许编辑和用户定位信息的总体排列结构"(2000:91),黄建华(2001:49)也持同样的观点;但是李明、周敬华认为广义上的宏观结构还要包括"词典的版式、装帧以及前后页材料等"(2002:35),如此划分可以把词典的总体编排和词目译释功能区别开来。

由此可见,凡是涉及词典框架设计的都属于宏观结构,宏观结构是词典编排设计的起点,决定着词典的总体框架。而凡是和词目释义相关的都是微观,微观结构提供词目形式和意义的详细信息,包括拼写、发音、释义和词源等,决定着词条的具体内容和微观结构安排,是词典质量的灵魂和统帅。任何词典都是宏观结构和微观结构的有机统一体,所以本章将结合当前三部汉英武术词典的得失,从宏观和微观结构两个方面,探讨汉英武术词典如何构建系统性、科学性、层次性的结构特征。

4.1　汉英武术词典宏观结构①

我国著名的语言学家陆宗达先生（1982）曾经说过："辞书的编纂，成败不在一词一语诠释的得失，而在取舍、编排、查检方法和处理纷繁的具体问题的原则的科学而得当。"汉英武术词典的编纂目的是为词典用户释疑解惑、交际应用服务的，所以词典编辑要时刻谨记自己的既定宗旨，科学规划、合理编排，使成品词典方便用户检索、理解和应用词目信息。

汉英武术词典具有知识、交际、文化传播的功能特征和系统性、科学性、层次性的结构特征。汉英武术词典要想收录特定学科（武术）的专业术语，释义并按一定顺序编排，从而系统地提供武术英语知识，方便用户检索释疑和武术交际，并实现文化传播功能，词典编辑必须牢记汉英武术词典的结构特征。下面首先从篇幅收词、词目编排、前后页材料等方面分析汉英武术词典宏观结构的编排方法。

4.1.1　篇幅与收词

汉英武术词典是汇集武术学科知识、传播武术文化、帮助词典用户在英语语境下武术交际的词典，所以要针对用户需要，合理确定词典篇幅，科学收词，传授武术专业知识，展现武术文化。

学科性是专业词典的立身之本，专业词目收录的比例是学科性的保障，汉英武术词典要尽量涵盖武术专业领域的术语和歌诀等词目。如果用户针对某些专业术语总是查无所获，这部词典绝难算得上是用户友好型词典。从1988年的《汉英武术词汇》、1989年《英汉汉英武术常用词汇》到2007年的《汉英英汉武术词典》，时间跨度近十年，虽然收录范围和内容有重合也有分歧，但是三本词典收词量都停留在3 000左右词条，所以汉英武术词典尚有很大的扩容空间。扩容要注意词典的学科特性，不可任意妄为，不加选择地一味滥收，势必影响到词典的系统性、知识性及词目的深度释义。

---

① 本节内容曾发表于《外国语文》2013年第2期，题为《论〈汉英英汉武术词典〉的宏观结构》，内容现已略作修改。

从认知角度看,范畴是人类认识世界、分辨事物的基础。范畴内部的各个成员按家族相似性联结成一个相互交叉的相似性网络,范畴化是概念和意义形成的一个高级认知活动,范畴概念的形成以原型为中心、由近到远递减式扩散的,原型是在一个概念化的范畴行列中最具凸显性的中心典型成员(李福印,2011:98)。因此,汉英武术词典编辑在编纂词典过程中,一定不能遗漏那些具有代表性、典型性的原型词目,比如"太极拳""手型""养生"等,否则就会打乱范畴行列中各词目间天然联系,影响人们把握和认知概念范畴。

受道家哲学本体论思想的影响,武术强调"形神兼备""内外合一""理气事一""动静合一"的观念,认为人只有顺应自然才能健康发展。从这种"天人合一"的思想又衍生了"空"和"圆"的动功最佳方式与境界,"空"才能松、"圆"才能活,"空""圆"结合,才能进入轻灵流畅、随心所欲的境界。"故不少拳种以圆、空为基本架式与手法"(王军,2006:1174—1175)。如八卦掌拳理要求是"八要""九论",其中"八要"又有"三空"(手心、脚心、胸心)和"三圆"(脊背、两膀、虎口)的要求。由此可见,主客一体的思想和"圆""空"技击概念是中华武术的精髓,但是查阅现有的三部汉英武术词典,发现只列出了"心与意合,意与气合、气与力合",而缺少了"形神兼备""内三合,外三合"等武术哲理以及"圆"与"空"拳理的翻译。同样,受道家思想影响的"十二重楼""导引""搭鹊桥"等养生概念以及"以无法对有法,以无限对有限""刚柔相济""内外合一""动迅静定"等拳理,和"苏秦背剑"等常见招式以及"丹田""任督"等人体经络和穴位名称常用词汇都未有涉及。篇幅小、学科词目收录少,难免为汉英武术词典发挥专业知识功能留下硬伤。

拳类运动作为中国武术的重要代表,以其健身、养生受到全世界的喜爱。形意拳以劈、崩、钻、炮、横为基本招式,太极拳主要攻法包括掤、捋、挤、按、采、挒、肘、靠等。但是笔者翻阅三本词典,发现各有所缺,都不全面。再如"南拳北腿"的代表白鹤拳和潭腿等拳种都没有被列入汉英武术词典;长拳功法中除了"四击八法"之外,尚有如"站如松、快如风"等十二型,而《汉英英汉武术词典》中虽然收录了包含四击、八法的词项,但十二型的内容是空白;同样,形意八卦里面的"八字""八法"内容也没有列全,缺少"裹""领""锁";不少象形拳中的基本动作都没有列出,譬如螳螂拳中的"金蝉脱壳""嫦娥奔月"等。双节棍棍法中的"丹凤朝阳""苏秦背剑"亦有疏漏。收录足量武术术语是汉英武术词典学科性的保障,拳种、功法等收词缺失和空白为汉英武术词典的再版或改版留下了扩容的空间。

随着体育交流国际化的日益频繁,武术界的口号是武术"源于中国,属于世界",武术代表了走向世界舞台的中国文化符号。所以,武术发展不可能固步自封,抵制世界体育潮流的影响。当代的武术早已注入了世界体育的元素,比如:现代竞技武术中跆拳道、泰拳的腿法、西方的拳击运动等均包含类似于中国武术的技击含义,而其比赛规则,则是借鉴西方拳击的规则体系。在这种背景之下,对于汉英武术词典的编纂来说,绝对不能固守传统,而必须与时俱进、大胆开放,及时收纳一些外来词汇,如 kendo(剑道)、judo(柔道)、taekwondo(跆拳道)、karate(空手道)等。武术发展日新月异,借用或吸收外来词汇是丰富武术术语、引领武术走向世界的必经途径。外来词收录,《朗文当代高级英语辞典》有很好的示范:

(4-1) aiku-jutsu 合气术(一种与柔道相似但含有抱、踢动作的武术)源自口语,ai=mutual, ki=spirit, jutsu=skill。

一部汉英武术词典要力求系统全面,涵盖面广。可是拳、刀、剑、棍、枪等各类武术流派繁多,各门功法花样令人眼花缭乱,如此怎么确定收词标准呢?

根据文军(1998:129)的统计,时下各专科词典大多采用两个极端的方法,一是"最大量的词目选择"(maximizing lemma selection),将某一学科术语及其相邻学科常用词全部包容在内,二是"最小量的词目选择"(minimizing lemma selection)只收录编辑认为最重要的术语,排除所有相关学科常用词,甚至不太重要的学科术语。从词典的知识、交际和文化传播的功能特征看,上面两种方法简单粗暴、有失偏颇,不符合科学性要求。"最大量"容易使词典收录杂乱,难成体系;"最小量"又难以体现词典的专业属性。笔者认为，双语专科词典宜采用层级法（hierarchy）将词目分类处理，然后根据词典的大、中、小型规模和用户需要，进行或宽或严的词目选择。

表示同一类事物或某一部分生活经验的词的类聚形成一个语义场或词汇分支系统，词的这类聚合系统反映了人类认知机制对事物及本身生活经验的归类和概括（许余龙，2002：105）。在编辑汉英武术词典时，层级法可以利用语义场理论，或者根据词的纵、横聚合关系，采用如下步骤：首先，根据武术的概念和分类，列出第一类以武术器械、术语、口诀以及限制程度较高的习语为主的重点核心词目，如"捋""舞花""太极拳""八卦掌"，检验的标准可以看这些词汇是否属于基本层次范畴；然后是第二类词目，主要包括核心词汇的下义词或同义词，比如"双采""单采""挑刀""点刀"；再是第三类词目，包括相邻学科或其他学科共用的词汇，比如"阴阳""无极""五行"等，最后一类词目包括外来语以及既是生活百科常识词汇，同时又是武术学习或训练中可能会遇到的词汇，比如"柔道""脚尖""后方""裁判"等。另外，武术术语和用词较为固定，少有特定时期流行的词语（period terms），但是由于历史悠久，难免会有部分古词、生僻词。为交际需要，词典主要收录时代化的词汇；但为求解需要，会收录部分的古旧词，比如常见的，或者具有原型意义的。汉英武术词典是为用户求解兼交际服务的，所以可以在最后一类中酌情筛选收录古旧词。层级法符合汉英武术词典系统性、科学性、层次性的结构特征。

这样一来，就可以根据词典篇幅或用户需要确定收词范围了：中小型词典，以用户理解型为主的词典主要收录第一、二类，加部分第三类相邻学科共享词汇，大型词典，方便用户理解和翻译的词典应包容第三类学科相关的文化、百科词汇。胡明扬等（1982：15）根据收词量，将10万以上的划归大型词典，4—10万为中型，4万以下为小型，这个可以当作大中小型词典划分的依据。

依据用户的认知规律、武术学科特性、语义学理论来确定收词范围，分层次立目，既可以保证词典着重收录的是学科领域内积极言语活动的常用词，又可以避免收词时候的疏漏和重复，这是汉英武术词典编纂的一个重要环节。

4.1.2 立目编排

根据学科分类体系,确定了学科分类的选条范围后,接下来要做的就是按选条范围立目编排,立目编排词即词目的组合方式。所谓"螺蛳壳里做道场",一部专科词典就像是一个系统工程,要在有限的篇幅里面反映它所涉及的学科领域里的核心知识,而且做到结构清晰、系统,不重复、不缺漏、不矛盾,实属不易。

范畴化是人们对客观世界进行分类的一种认知活动,也是掌握语言符号能指和所指的基础。但是范畴的界限是模糊不清的,人们对客观事物范畴化过程的认知自然也是纷繁复杂的,所以,词典的编纂者在立目编排时,还要利用自身的认知经验,发挥主体能动性,对客观世界进行界定和分类。根据认知规律立目编排,词典能在单词间保持天然的联系,让用户以最省力的原则获取最系统的心理词库,从而实现双语词典的知识、交际和文化传播功能。黄希玲提出,专科词典的词条立目可以根据"就近访问"原则。"就近访问",即"最大可能性访问",是指用户"查找完一个词目后,下一个查找的很有可能是同类或与之关系密切的一类词目"(2004:27)。"就近访问"原则符合用户的认知规律,有利于用户拓展词汇网络,与词典"服务用户""方便查询"的编排宗旨相吻合。

汉英武术词典要关注如何科学、系统、合理地编排立目。在词条立目上,武术术语具有自己的特点。三部武术词典在立目编排上各不相同,《汉英武术词汇》从名词术语、拳种套路、对练套路、基础动作到教学训练、攻防技术、竞赛裁判和场地器械等词汇全部打乱顺序,统一按汉语拼音音序排列,并逐字标注汉语拼音和声调,虽然方便国外用户阅读,但是打乱顺序也打断了词义之间的关联。《英汉汉英武术常用词汇》的词目编排是其最大缺憾,首先,词典将汉英和英汉部分单独编排,不能节省成本,浪费有效的编纂空间,对用户来说,也是不经济的做法,此外,汉英部分根据分类按英语字母顺序尚可,但英汉部分只按英语字母顺序排列,由于武术词汇具有自己的特色,分类明显,纵聚合用语众多,所以完全按照英语字母顺序排列的英汉部分不能让人一目了然,感觉编排比较混乱。相比较于前两部,《汉英英汉武术词典》吸取了汉语单语武术词典(如《中国武术大辞典》《中国武术百科全书》等)的经验,在立目编排上,具有积极型词典的特点。《汉英英汉武术词典》按照不同类别,把词目首先划分为一般词汇、拳种、器械、基本技术、功法等12大类,然后每一大类按照功能和特点又分为若干亚类。比如:

(4-2)基本技术 Basic Techniques

1. 手型　　Hand Forms

(1) 拳　Fist

(2) 掌　Palm

① 八字掌　splay palm:a form of palm with the four fingers stretched out closely,while the thumb splaying out at 90 degrees

······

(3) 勾　Hook

······

《汉英英汉武术词典》条目分类目录收入各个层次的分类标题,词典用户可以通过分类目录首先确定查找词汇所属的大类和亚类,再从词典正文所属亚类部分找到词汇所属位置。如此细致、清晰的分类编排切合汉英武术词典系统性、科学性、层次性的结构特征,也体现了"就近访问"的精神,比如熟悉武术的人知道"拳""掌""勾"一般放在一起,查检时候可以极大减少前后翻页时间;如果要检索"八字掌",用户极有可能在同一页遇到"扣掌""引手掌"等,那么不仅便于词典用户对比意义关联的各种掌法的区别,而且方便用户就近查询和意义整合,减少了二次检索的麻烦。另外,每个词条前面按层次排列的数字标记便于用户视觉切分词目单元,内容醒目,符合词典以用户为中心的要求。

如果词典按照音序或形序编排,那么意义上互相照应的某些词目会被隔离到不同的板块。汉英武术词典层次性结构特征指导下的词典编写可以有效地消解这种零乱,使武术术语知识系统化。层次性结构一是便于词典用户"就近访问",通过对比比较,深入了解各个词目信息,把握词目之间联系,形成系统武术知识;二是可以避免重复收词,展示各类词语的丰富性;三是分类细致、结构清晰,方便词典补充或修正。

同时,为体现武术学科特色,汉英武术词典要收录"队列用语""经络及穴位名称""教学与比赛"等类型术语,这些术语是学科知识的有效补充,对用户系统了解武术起着重要作用。但是现在的汉英武术词典在宏观结构上对此类术语立目编排比较随意。以《汉英英汉武术词典》的人物收录编排为例。

词典立目除了受到词典类型和篇幅影响外,"还受制于词典所定的服务对象"(黄建华,1987:61)。为了方便词典用户系统了解武术发展的历史渊源,《汉英英汉武术词典》设立了武术大师栏目。历史上的武学大师在创建武术流派、推动武术文化发展方面作出了卓越的贡献。他们的思想、理论体系、语言和武术教学等促生了武术语言体系的日渐成熟,所以这个栏目有助于词典用户理解武术文化负载词,系统把握武术知识。但是,在编排上还是有几点值得商酌。

首先,《汉英英汉武术词典》是按照大师的生辰年代排序的,如果熟悉武术文化,这个排序是可以琢磨透的。但是普通用户,尤其是外国用户,无从了解每个武术人物的生卒年月,会茫然不知从何处查起,从而造成词典查检费力费时。鉴于汉英武术词典的双向性,笔者认为采用音序编排为上,这样既方便了汉语用户,也尽量迎合了国外用户的字母使用习惯,便于快速索得。另外,还可按照人物注释的国际惯例在名字后附注生卒年份,如:

(4-3) 李小龙　Li Xiaolong(1940 – 1973):the creator of Jun Fan Jeet Kune Do, the world famous movie actor …

当然,有些行家里手的生卒年代不明或者不确切,比如孙膑、陈抟。但是他们大致的生活年代是可以追溯到的。而且,随着信息化的普及,谷歌和维基百科等免费网络资源的共享和延伸,历史、考古学研究的深入,很多未知的事件在逐渐浮出水面。作为一部"以用户为中心的"汉英武术专门词典,既然有意让词典用户全方位了解武术文化和语言信息,那么,千方百计考证相关资料,应该是编者义不容辞的责任。

此外,《汉英英汉武术词典》的人物选择也不合理。词典全书401页,正文301页,任务介绍部分69页,占正文内容的23%。不仅有籍籍无名人士,而且很多人物介绍长篇累牍,身世、际遇等东拼西凑的内容繁琐无意义,单个人物的介绍就接近一个版面,比如对武氏太极拳的武禹襄的介绍——出生地、幼年学习跟谁学拳、读过什么书,受到什么启发写了《打手要言》《四字秘诀》,武氏太极拳的特点,晚年喜欢乡下教拳,侄子学得最好等,事无巨细,全部收录。不加取舍地罗列所有能搜到的人物材料,导致词典臃肿,查检和理解费力,另一方面还会造成篇幅过大,定价过高,违背武术文化普及的初衷。汉英武术词典不能不加选择地堆砌资料,而要把人物选择、介绍和词典类型、用户需要、编纂目的等有机结合起来,统筹考虑,注意收录的相关性,从而以最经济的篇幅,为用户提供最具知识性、交际性、文化传播性的武术信息。那么如何把握最合适的度呢?

汉英武术词典人物编录当有所选择,笔者认为最好的选择是详古略今。古人习武、教武、立派,能够留名后世实属不易,故选录的标准宜从宽从全,求全求备;近代或现代标准要相对严而精,要考虑能否经受历史检验,避免泛滥。如果有些武学人物非一般用户所熟悉,则尽量简约,稍作介绍、点到为止即可,切忌拖沓冗长,给用户带来数度翻检之劳。所以汉英武术词典编者要想在有限的篇幅内施展才华,必须既要照顾词典类型、词典篇幅、用户需要、编纂目的,也要重视大师的武术成就和流派特色,也要考虑内容的时代性,还要尽力掌握第一手资料,并优选资料,简练表达。

4.1.3 版式体例

版式是"书刊排版的样式"(《辞海》)。词典的版式设计或者说版面编排,是根据表达内容的需要,把特定的视觉信息要素,如插图、标识、左右对应项、页面分割等,在版面上进行一种合理、有序的理想编排,以友好的界面,方便用户轻松、自然地获取信息。

《汉英武术词汇》《英汉汉英武术常用词汇》排版比较简单,单页单栏,而《汉英英汉武术词典》词典正文特别注重版面安排,更有可圈可点之处。《汉英英汉武术词典》的设计体现了以"用户为中心"的原则,每页两栏,既降低了词典成本,又极大地增加了词目收录或者词条信息容量。所以《汉英英汉武术词典》在篇幅规模上更具广泛的武术学科知识,符合专业词典"知识性"的学科要求。

在封面设计上,每部词典都会精心构思,巧妙设计,以吸引用户关注。《汉英武术词汇》封面蜡染风格本蓝色,衬以中国特色的武术器械"戟"的图案,朴素大方。《英汉汉英武术常用词汇》封面水墨蓝色,古字体书就的"英汉汉英武术常用词汇",衬以武术器械"剑"的图案,庄重典雅。《汉英英汉武术词典》外部装帧精致,封面以中国红为主色,衬以双语大字体的"汉英英汉武术词典",抓人眼球。就外部装帧风格来说,三部词典各具特色。

按照汉英武术词典系统性、科学性、层次性的结构特征,以发挥词典知识、交际、文化传播的功能为目标,《汉英英汉武术词典》的内部版式设计经济科学、黑白插图简洁明了。前页材料中的彩色插图,为用户初步了解国际武术盛会、武术器械和武术动作开启了一扇窗口。考虑到目标用户的语言水平和使用习惯,按双语词典结构体系的要求,设立了汉英双语形式的书名、编者、序或前言、使用说明、目录、正文、主要参考书目、索引和附录等版块,便于不同语言文化的用户了解《汉英英汉武术词典》编者和编写背景、意义、宗旨、词典的结构以及使用方法等基本相关信息。其中书名、编者、序或前言、使用说明等前页材料就像精彩的开场白,开启了编者和用户关于词典的对话,能增进用户对词典的整体了解,尤其方便汉语非母语的用户。参考书目是词典知识的延伸,设立参考书目是专科词典体系完整性、考辨性、资料性的必然要求。词典后页材料的汉英双语索引和附录等则像完美的收官词,为词目检索提供了最便捷的工具,也为不同语言用户最佳查询环境的预置提供了充分的保障。前言、使用说明、目录、正文、索引和附录、参考书目等构筑了武术专科词典的隐性知识体系,把分散的学科知识重新联结起来。《汉英英汉武术词典》的这些细枝末节与正文内容相互应和,相辅相成,为用户日后的具体检索提供了便利,对客户体现着其商品价值,对用户展示着其实用价值。

　　除了释义准确、内容翔实外,体例形式①也是衡量词典科学性与成熟性的重要标准(冯奇,2003:19)。"每一部辞书都有自己的体例。在全书中,体例应该始终一致,应该前后照应,不能顾此失彼,不能自相矛盾"(朱建颂,2000:83)。词典的释义形式主要有两种,短语型释义和句子型释义。一部权威词典,要在体例方面尽可能做到整齐统一。试以《汉英英汉武术词典》的谚语两例:

　　(4-4)力要顺达,功宜纯:The force should be smooth and the skills should be highly proficient

　　(4-5)术以柔为贵:Nothing is like soft exercise of the internal martial arts

　　上述武术谚语统一采用句子型释义,自然、易懂,而且符合英语句式主谓为控的特点。虽然《汉英英汉武术词典》是业界最权威、最规范、最严谨的多功能武术专科词典。但是百密也有一疏,在释义体例上的方面不统一是其宏观结构上的一个缺憾。比如,个别表达结构类似的口诀和谚语,有的用句子型释义,有的却用动名词短语型释义,不甚妥当:

　　(4-6)未习打,先练桩:Practice stance exercise before practicing attack

　　(4-7)未习拳,休习械:Before learning boxing never practicing weapons

　　上面两例的释义处理显然很不一致,第一例采用祈使句的翻译,简练有力,第二例却采用动名词短语,不仅翻译腔十足,而且不符合英语语言表达的规范(语法)。武术翻译不是简单的语言转换,还是译者将源语文化和美感移植到译语的过程,所以要尽量尊重源语释义形式,以保存汉语的美学特点,克服单纯采用词组型或句子型的缺陷和不足。既然这些口诀和谚语在汉语是句子形式的表达,所以英译还是始终以句子型释义为妥,在同一部词典中的同一类词条里,保持体例的一致性是词典规范性、系统性、完整性的必要前提。相关词目释义的吻合要求词典编纂人员对释义要审慎推敲,一以贯之,不能互相矛盾、自乱方寸。编纂者在处理释义体例问题上的任意性会给词典的质量带来不可估量的负面影响。

---

　　① 体例部分内容已发表于《广州体育学院学报》2014年第1期,原题为《论〈汉英英汉武术词典〉的微观结构》。

值得商榷的是,中国武术动作名称多为四字格,以动词形式为主,如玉女穿梭、白鹤亮翅、白蛇吐信、野马分鬃等。等值和尊重源语形式的美学翻译原则要求尽量遵循原有语言特点,所以译语应该沿用动词形式表述为上。比如美国 *T'AI CHI* 杂志翻译"白鹤亮翅"为"white crane spreads its wings";黄文山教授在其英文著作 *Fundamentals of T'ai Chi Ch'uan*(《太极拳要义》)中翻译"搂膝拗步""挟虎进山"分别为"brush knee and twist step""carry tiger to mountain"等(转引自徐海亮,2005:24);甚至美国人安格斯·克拉克(Angus Clark)有时也采用这种遵循原文动词动作感的翻译方法,比如"金鸡独立"翻译为"golden rooster stands on one leg"(2002:92)。但是《汉英英汉武术词典》所有武术动作统一采用了动名词短语的形式,比如:

(4-8)白鹤亮翅:white crane spreading its wings

(4-9)野马分鬃:parting the wild horse's mane

这种形式很难保留和传达原文的动感、力量感和美感,使原语表达亏损,降低了原文的语用效果,颇受诟病。黄建华认为"在词目翻译的层次上,应尽可能使用与源语词词类相同的译语词","两种语言中分属不同词类的两个词是很难视之为真正等值的"(1998:10—11)。一般的翻译不必苛求词性的对应,为了行文流畅,名词变动词,动词转变为形容词、副词等灵活翻译都是可取的,但是双语词典没有这种自由。正如兹古斯塔所言:双语词典编者"必须了解两种语言的词汇单位分哪些类,而且必须确定哪些成对的词类是对应的"(1983:429)。《汉英英汉武术词典》为了保持和术语名词翻译的一致,强求用名词性短语表述动作名称既没必要,也不科学。"翻译要为译文用户服务,使译文用户最大限度地准确无误地理解原文的信息"(李晖,2012:95)。所以,建议将动作名称分门别类,与器械、拳种、基本技术等名词性表达区别开来,统一用动词形式翻译,以保留原文语体之美。总之,释义形式不一致不仅不利于展现武术术语的动作美和语言美,不能积极传播武术文化,而且有损词典的规范性和权威性。

4.1.4 多维检索

多维高效的检索功能是双语工具书质量的一大衡量标准。根据系统性、科学性、层次性的结构特征和为用户理解、交际的编纂目的,汉英武术词典要紧扣用户需求和查阅技能水平,博采众长,利用多种索引手段、系统展示各种词语信息,多角度方便用户查检,尽力使用户一索即得。这种多维检索系统不仅尽词典之所能反映语言信息,还努力符合信息在人的认知系统中的呈现方式,方便用户学习和使用。汉英武术词典多维检索体系主要通过词典的参照系统和条目编排得以体现。

在词典内部通过目录、索引或正文等就能找到的互相参照信息是词典内部参照(internal cross-references),通过词典附录、使用指南、内容简介等连接到的,但未收入词典的其他文献被称为词典外部参照(external cross-references)。内部参照主要指词典微观结构中上下义、同义、顺义等互相参照,以及目录、索引和插页的参照;外部参照主要利用参考书目、编纂说明、用户指南等的词典延伸性阅读。内部参照和外部参照互相照应,形成词典的有机体系,不仅有助于用户查检并系统所需信息,而且还可以帮助用户定向扩展阅读。

双语词典的条目编排主要采用的方式有:英语字母顺序、汉语拼音顺序、汉字笔画顺序和义类顺序。汉字笔画顺序对于汉语母语用户和英语用户都是极大挑战,尤其是笔画复杂的汉字;有些词典,如《汉英武术词汇》,按字母顺序排列,其优点是查检方便,但同义词、上下义词等词与词之间意义上的有机联系被割裂开来,不利于系统对比与学习。钱厚生指出词典内部的参照系统可以弥补字母排序的缺陷,好的参照系统能再现词汇场,使读者触类旁通;还能通过比较,揭示词与词之间的差异,而且环环相扣,构成比较完整的知识体系(1996:39)。但由于武术术语分类明显、纵横聚合词颇多,所以如果采用这种字母排序再加上错综复杂的内部外部参照,可能会比较繁琐。义类顺序有利于把词义相近、相反或者相关的词语集中在一起,便于相互对照、集中学习,但是对于不熟悉武术知识,没有武术词库的用户,难免造成查检困难。

汉英武术词典按照系统性、科学性、层次性的结构特征,从目录、前言、导论、使用指南、到索引、附录、内容简介,各层次科学编排,尽力做到相互联系、相互补充。《汉英英汉武术词典》的多维检索系统值得借鉴。

　　首先是推陈出新,在正文根据不同内容采取了不同编排方式,如拳种、功法、器械等的分类词目表,人物的时序词目表,一般词汇的音序词目表等。所以,用户可以根据各大类不同分类原则查找具体词目。其次,《汉英英汉武术词典》设置了与正文词目编排顺序不同的异序索引——按照汉语拼音字母顺序排列的汉语索引和按照译文字母顺序排列的英语索引。汉英双语索引弥补了词目查询之不足,为用户提供了一个多选途径。用户可以按照索引字母顺序,和每个词条后标注的页数直接搜寻自己所要查阅的术语。这极大降低了查询难度,便于用户梳理内容。索引之于工具书,实在是锦上添花之笔。再有,参考书目对于词典不是可有可无的部分,而是专业学科内容的有效延伸,有助于用户检索到学科相关联的知识,或者方便用户对于武术专业知识的深度检索,颇具用户友好意识。《汉英英汉武术词典》经过编者精心选择的多维检索系统,不落窠臼、实用性较强,能够体现词典编纂理念从“以编者为中心”到“以用户为中心”的转变。

　　综上所述,篇幅、立目、版式和检索构成了汉英武术词典的有机整体,其辖域由大到小,层次清晰,系统且全面地反映了专科词典编纂的结构要求,符合用户的认知规律,方便用户检索学习。“在词典编纂过程中将用户的心理和生理特征纳入考虑范围,让词典的内容编排更符合用户的认知规律和查询习惯,使得词典‘使用更方便’、‘理解更容易’、‘查询更快捷’、‘信息更全面’,从而使词典易学、易懂、易查”(刘柳、陈丛梅,2010:79)。多维便捷的查检系统,帮助用户快速检索信息,是汉英武术词典系统性、科学性、层次性的结构要求,也是衡量词典用户友好的标准。

4.2　汉英武术词典微观结构①

　　微观结构对一部双语词典的成败至关重要。汉英武术词典的主要

---

　　①　本节内容曾发表于《广州体育学院学报》2014年第1期,原题为《论〈汉英英汉武术词典〉的微观结构》,以及《体育科学》2012年第2期,原题为《〈汉英英汉武术词典〉翻译得失论》,内容已作修改。

任务是帮助用户准确理解并掌握武术术语。在这类词典的微观结构中，左右项内容义不容辞地担当起这一主要使命。

"词典编纂工作本身就是一种艺术"，"双语词典编者应当调动包括对应词、例证、各种标注、用法说明、插图等在内的一切手段来帮助用户掌握词目的正确意义和用法"（李明、周敬华，2002：Ⅳ，91）。就微观词条结构而言，最早的《汉英武术词汇》和《英汉汉英武术常用词汇》都属于中英词汇对照的消极型词典，词目释义仅给出对应词。这种情况，一方面不符合汉英语言文化的差异性特征，另一方面很不适应武术走向世界的需要，难以实现汉英武术词典知识、交际、文化传播的功能。经过十几年不断摸索、改进后出版的《汉英英汉武术词典》微观结构打破了武术词目对译的惯例，刻意创新、率先在汉语拼音、英语诠释、插图和同义、喻义、近形词等微观结构方面做出了积极有益的探索。

4.2.1　注音

词目注音几乎是所有词典词条微观结构的第一要务，语音是交际的基础。由于汉语属于象形文字，重表意，英语属于字母文字，表音，两者之间存在着根本的差别，所以从汉英文字接触以来，一直都重视语音的标注。最早的注音方式是 19 世纪末开始的威妥玛拼音法（Wade-Giles Romanization，全称"威妥玛-翟理斯式拼音"），是一套用于拼写汉语的罗马拼音系统，许多中国地名，如香港（Hongkong）、北京（Peking）；人名，如李小龙（Li Siu Loong）；商标名，如龙（Loong），以及早年流传到国外成为英语外来语的汉语词，易经（I Ching）、道教（Taoism）、功夫（Kungfu）、太极（Taichi）、宫保鸡丁（Kungpao Chicken）等都采用了威妥玛注音，而且沿袭至今。1958 年大陆推广汉语拼音方案后，威妥玛注音逐渐废止。但是在台湾、香港等地，威妥玛拼音尚有一定的影响。汉语拼音近乎完美地复制了注音符号的功能——既能汉字罗马拼音化，又能汉语注音。而且根据上述词典用户需求调查，威妥玛拼音在国外用户中不存在优势，所以本研究主张采用汉语拼音注音的方式。

2001 年中国工程院主持评选了 25 项"20 世纪我国重大工程技术成就"，借助汉语拼音的"汉字信息处理"仅次于"两弹一星"，居第二位（清渠,2001)。汉语拼音方案克服了直音、读若、反切法等汉字注音的局限性,为中国普及教育和发展科学文化事业发挥了重要作用。如今,汉语世界的报刊刊头、商标图样,电影电视、广播广告以及各种体育活动等普遍加注汉语拼音;文献资料的排序、检索,唯一科学、快速、有效的手段也是汉语拼音;办公自动化,生活电脑化的信息时代更离不开汉语拼音的便捷输入。

中国语文现代化学会常务理事王开扬认为汉字不是字母文字,与世界绝大多数文字格格不入,采用拉丁字母的汉语拼音,是与世界接轨的最佳方式、最佳接口(王开扬,2008:73)。汉语拼音在推进汉语走向世界的进程中,显示出旺盛的生命力,是带动中国走进世界的"文化穿梭机"。从 20 世纪末开始,美国国会图书馆的 70 万部中文书籍全部使用汉语拼音编制索引。汉语拼音是海外汉语教学的重要方式,2008 年汉语拼音在我国大陆普及使用 50 周年之际,海外学习汉语人数已经达到 4 000 多万(新华网,2008)。汉语拼音在中外交流和对外汉语教学中的重大作用早已使其成为汉字不可分割的一部分,并在某些中国特色浓厚(尤其是中国独有的事物)的词或者说文化空白词中起着不可或缺的替代作用,如 *Qigong*(气功)、*Yin and Yang*(阴阳)、*Taiji*(太极)、*Youji*(有极)、*Bagua* Palm(八卦掌)、*Shaolin* boxing(少林拳)等。

武术植根于中国传统文化,历史悠久、底蕴精深,具有独特的语言和文化价值。作为武术文化载体的武术术语,颇多用字生僻,即使是汉语用户也会感觉陌生。而且汉英武术词典的用户对象包括来自国外的武术爱好和学习者,汉语水平尚不完善,所以汉英武术词典的释义要充分顾及中外用户参差不齐的语言水平,将每个词目在释义基础上,加注汉语拼音,以突出词典的信息和教导功能。如:

(4-10) 弩[nǔ] Crossbow

(4-11) 捋腕[luō wàn] wrist grab

(4-12) 挝边手[wō biān shǒu] ribs attack

括号内的汉语注音,有益于汉语水平相对薄弱的国内外用户识别生僻"弩""挝"和多音字"捋",实现词典的正音、解意的知识功能。

有些武术专业术语太长时,可借鉴其他词典的做法,将词目词分出音节,以利用户正确拼读。如:

(4-13)枪怕摇头棍怕点[qiāng pà yáo tóu, gùn pà diǎn] No shaking for the spear and no nodding for the cudgel

词条的汉语拼音对掌握了汉语拼音方案的国内外用户提供了认读和检索的便利,这是汉英武术词典发挥知识、交际和文化传播功能、以利用户友好的一大体现。

但是,需要注意的是,武术文化传承几千年,老体字、偏僻字使用较多,注音时一定要慎之又慎,避免误导用户。词典的错讹注音往往会形成致命伤。比如:太极拳以"掤、捋、挤、按、采、挒、肘、靠"为主要攻法,其中的"掤"读作"péng",这是武术界的共识,虽然在大多数汉语字典中都注音为"bīng"。《汉英武术词汇》亦注音为"péng",但在《汉英英汉武术词典》中,正文部分列举词项"掤",汉字注音"péng"(P164),但是索引部分"掤"列在 B 字母开头的词条栏目中,很明显是按"bīng"发音(第 304页)。笔者认为,为了武术文化的国际化传播,为了专业词典的一致性、权威性,按词典编纂从众性原则或者专门术语约定俗成规定,收录此义项,规范其发音不仅是武术词典也是通用汉语辞典义不容辞的责任。

4.2.2　对应词

博尔赫斯说过,"词典是基于这样一个假设——一个显然未经过验证的假设——即语言是由对等的同义词组成的"(转自刘禾,2008:5)。虽然语言学界早有共识,不同的语言和文化不可能完全对等。但实际上,的确很多双语词典释义采用对译方式。对译的优点是简明扼要,节省空间;弊端是信息量不足,准确性差,容易导致释义模糊甚至误解。意识到消极释义的弊端,越来越多的双语词典词目译义开始结合插入性对应词和描写性对应词翻译的方式。

认知语言学的原型范畴理论为双语词典的词目释义提供了很好的借鉴。人们在认识某一范畴时,可以通过原型的典型特征来了解、推断这一范畴中其他相似个体的概念和特征,原型对认知客体具有连动的积极效应(胡平、王扬,2012:142—143)。因此,为了方便用户准确地理解词目概念,词典在对其范畴释义时,不能只是消极地寻找似是而非的对应词,而应该采用符合人的认知活动规律的方式,凸显最具代表性和区别性的意义,在必要的情况下,进行词义描写诠释。正如陈建中所言"在一种语言之内的翻译都需要分析和阐释,何况把一种古老的东方语言翻译成另一种不同文化的西方语言"(1997:42)。

当前的汉英武术词典释义缺陷明显,词汇对照表仅给出的源语对应词,充其量只是完成了两种语言表层的语义转换。基于这种无奈,为避免释义笼统、模糊,汉英武术词典对于文化负载词或者语义理据复杂的词目,在列出汉语词目插入性对应词基础上,还要结合描写性对应译词/语,包括文化理据、词源信息的解释,说明为什么某个词项具有它现在的意义,以最大限度地呈现出武术词目最为准确完整的语言文化信息。如:

(4-14) 易骨:change one's bones:the first stage of *gong fu*,in which the practitioner changes his rigid force into open power,and the natural breath into boxing breath,based on prim exercise

从上例可以看出,如果单纯地将"易骨"对译为"change one's bones",难免令人恐慌错愕;英语注释恰如其分地表明了这一概念只是比喻练习功夫的基础阶段。易骨,易,换也,功夫入门之必修课,指通过一定的内修和外练,挖掘本能、唤起天性,使僵硬的骨头达到最佳之改良,练功之最理性要求。"易骨"与同页面出现的"易筋""洗髓"的英语注释互相照应,完整地诠释了武术练习的三步功法:

(4-15) 易筋:change one's muscles and tendons:the second stage of *gong fu*,in which the practitioner changes the open power into hidden one by matching his will,actions and breath

(4-16) 洗髓:wash the marrow:the third(the most advanced) sage of *gong fu*,in which the practitioner changes the hidden power into virtuous one

一般情况下,单纯的插入性对应词释义很难充分解释"三节、三路、六合、十方、十二型"等简化类武术术语和"金钟罩、龟背功、仙人指"等富含喻义的拳理及功法。对于这种涉及文化背景和语义转化内在规律的复杂信息,说明词义引申的理据注释愈显重要。以"三盘"和"双头枪"为例:

(4-17)三盘:three parts of the body:the upper(chest and its upper part), middle(waist and hips) and lower(legs and feet) parts

(4-18)双头枪:double-headed spear:also called double-headed snake, a spear with a head at both ends of the shaft,which can be played in single or double ways

太极拳"三盘",称腰为"中盘",胯为"下盘"或"底盘",肩为"上盘"。"三盘"以"中盘"为主宰,融为一体。双头枪是中华武术的独特器械。所以如果拘泥于消极型词目释义,简单地将"三盘"对译为"three parts of the body","双头枪"为"double-headed spear",无异于未译,远不能达意。紧随汉英词目对译后的描写性对应词简要诠释了"三盘"的具体部位和"双头枪"是何种类型的武器,使释义真正具有知识、交际和文化传播功能。正如纽马克所言:"作为最后的手段,解释就是翻译"(1988:52)。

由此可见,汉英武术词目翻译中,迁就用户的接受程度和语言水平的插入性和描写性对应词结合,一方面意义和文化并重,努力实现意义自足,另一方面能扩大词目释义的包容性和信息的密集性,突出词典的编码功能,有利于用户清晰、准确地把握汉英武术词目内涵,值得借鉴。

4.2.3　插图

词语的定义方法应该说有两大种:一种是语言定义法(verbal definition),一种是实物定义法(ostensive definition),插图属于后一种。这两种方法各有其优点和局限,如若巧妙配合使用,则可互为补充,相得益彰(钱厚生,1996:40)。词典中的插图包括"人、地、物的照片或像,还有线条、几何图形、化学结构式、图表以及他们之间的说明文字等"(李明,周敬华,2002:112)。插图对词义理据的显示有直观作用,令人一目了然,希尔(Hill, A)指出:"插图在人际交往方面起着极其重要的作用"(1967:93),直观插图是词典与用户沟通的一个重要手段,"就双语词典而言,最需要插图的词目应该是缺乏合适对应词的名词或者是对应词为人们所不太熟悉的名词"(李明、周敬华,2002:118)。在中国传统文化土壤中发育成长的武术语言处处体现着民族精神和内涵文化。所以不同于相对确定、单一的一般语言或文学语言,武术术语作为中国武术文化的载体,对任何一个异族语言来说,都具有无法回避的、强大的"模糊性"和"空白性"。大部分词典编辑,面对这种"模糊"或"空白"的超语言信息时,为了帮助用户准确理解词目含义,就要以不同的辅助手段补偿简单的词目释义,这是汉英武术词典知识、文化传播和用户交际的要求。插图的作用不可低估,语言解释力不从心的时候,插图说明则可能恰到好处。面对内涵丰富的武术文化和晦涩难懂的武术术语,辅以插图说明,补充信息是汉英武术词典应该凸显的一大特色。

(1) 九曲戟〔jiǔ qǔ jǐ〕nine-curve halberd：a kind of halberd with a crescent on a crooked spear head

(7) 方天戟〔fāng tiān jǐ〕square-heaven halberd：a kind of long halberd with two symmetrical crescent on both sides of its spear head

(2) 方天画戟〔fāng tiān huà jǐ〕*fangtianhuaji*：double crescent spear-headed halberds

(8) 典韦戟〔diǎn wéi jǐ〕*DianWei* halberd：a kind of short halberd with a handle of about five chi long and two crescents on both sides of its

图 4.1　九曲戟、方天画戟、方天戟等图示

《汉英英汉武术词典》在释义中充分利用一目了然的图解手段,配有"插图 1 200 余幅,主要为器械形制图、典型拳势图和基本技术动作图,作为对文字解释的一种更加直观的辅助解释",补偿了术语的传达信息,使人望而知其形,明其义,"更有助于用户,特别是外国用户理解

和学习"(使用说明)。如第 40 页对九曲戟、方天画戟、方天戟的图示(见图 4.1)恰到好处地补偿了释义语言很难或无法解释的三种戟的样貌和区别;再如第 127 页词条"崩枪",首先"崩枪"译义为"spear flick",接着释义阐明"崩枪"动作的三个主要步骤,最后佐以五幅动作分解图,具体呈现"崩枪"的基本技术(见图 4.2),这样就清晰无虞地传达了崩枪动作的含义和要领。

图 4.2　"崩枪"基本技术图解

在双语词典的编纂过程中,编者往往殚精竭虑、不辞辛劳地斟酌每个词目的义项释义,而忽略了有些词语的语体信息和文化信息可以通过插图来诠释。实际上,插图用形象直观的手法弥补释义未能尽意之缺憾,对武术词典来说可谓是锦上添花。这种补充手段具有强大的释义功能,是词典释义系统的补充和完善。武术术语中的许多词目在英语中没有对应词,或者相对应的概念,即使勉强找到一个对应词,对于用户也经常是"译犹未译"。图文并茂,通过插图提供释义中未能尽言的信息,可以补充训释意义之不足,使抽象的事物生动、鲜活起来,帮助用户更加准确地掌握武术术语的内涵,加深对术语的理解。

插图图形丰富多彩,分类复杂多样,从外在形式上看,有彩色图、黑白图、实物照片图、示意图、表格图、统计图(包括曲线图、柱状图、饼状图)等,从功能上看,可以分为题图、辅助理解型图、比较说明图、动作操作型图等,各种分类不一而足。单就汉英武术词典而言,前后页插图可以采用洋溢中国文化特色的彩色图或照片图,比如武术服装、动作、交流活动、文化名人等,如此,前页的题图可以起到点题,引入知识以及培养用户兴趣和审美情趣的作用,后页的附图可以起补充说明作用。而词典微观结构的词目解释,武术动作可以采用动作操作型图和示意图、武术器械可以采用实物照片图或者简笔画。无论武术动作,还是武术器械,以简单线条式的黑白插图辅助释义,不仅起到完备释义的效果,还可以避免喧宾夺主,过度增加用户的经济负担。

汉英武术词典图例和译义诠释有机结合,使词典真正具有知识、交际、文化传播的功能特征,有助于用户准确了解词义,弥补简单对译的不足。不过缺点是占用篇幅太大,所以要把握好度。

插图是译目意义自足的一个重要成分,但只能是一个辅助手段,任何时候词典编者都必须想法给源语词目列出一个目标语的对等词。因为“双语词典的释义应该具有语用价值,即应能够让读者将释义直接插入到目标语的句子中”,没有释义的对等词,词典用户仍然盲目不知所以然(夏立新,2005:56)。

4.2.4　加注

术语是在特定学科领域用来表示概念的称谓的集合,使用具有统一性。学科术语的翻译需要包含普遍认同的固定译法,以免造成概念混乱,产生歧义。所以,根据词典“面向用户”“方便理解和使用”的交际原则,专科词典译名应尽量包括各专业、各行业的惯用名称及别名,并适当对译名加注,包括文化、词源加注、上下义、同义、喻义、近形词标注等。一般情况下,文化与词源加注采用外部参照,而上下义、同义、喻义、近形词标注采用内部参照的方式。

以“功夫”一词的翻译为例:

(4-19) 功夫:gongfu:another name for wushu; skill and attainment in martial arts

众所周知,由截拳道宗师李小龙最早带入英语的“kungfu”是“功夫”一词流行的或者说普遍接受的翻译。解守德,李文英(1989)刘振恺(2004)和曾东京(2006)等也都采用了“kungfu”这一译法,所以汉英武术词典应该收录此类同义词条翻译或者将其采用加注方式说明。

武术练功是把人作为一个整体来训练,讲究"内练精气神,外练筋骨皮","内外合一,形神兼备"。这些富含汉语喻义的术语和口诀是武术翻译的难点。《汉英英汉武术词典》以意译方法翻译了喻义口诀"外练筋骨皮,内练一口气"(External exercise is aimed at strengthening the muscles, bones and skin, and internal exercise at qi.),却没有列出类似的说法"内练精气神,外练筋骨皮"。同样,词典有"未曾学艺先识礼,未曾习武先明德"(Know courtesy before learning skill, cultivate one's virtue before learning martial arts),没有"未曾习武先习德"(learn to be virtuous before practicing Wushu)的同义表达,不符合双语词典知识性、系统性之规范。

《汉英英汉武术词典》中有些截然不同的武术术语翻译为英语时完全一致,却没有解释其异同,不禁使人心生疑惑,如:

(4-20) 剪步:follow-up step

(4-21) 麒麟步:follow-up step

"麒麟步"是一个常见武学动作:双手叉腰,双腿微屈,一脚向前一步脚掌内扣为桩,另一脚拖步跟上与前脚呈三角桩;醉拳里的醉跌步也叫"麒麟步",那是在走。此外,南拳前腿半蹲后腿半跪的也叫"麒麟步",是一个定式动作,但是在运动中,南拳的麒麟步就叫剪步。可见"麒麟步"和"剪步"还是有很大区别的。至少一个是动式、一个是定式的区别应该翻译表现出来。

当然,不可否认,武术动作名称的多样化以及拳理的喻义也给翻译带来难度,传统武术拳械的某些动作有多个名称,且竞技武术中的叫法又有新称,例如八卦第八掌中"提膝点脚"又名"猿猴登枝""点子腿"等。名称的多样化容易使词典用户对动作产生迷惑,影响译文效果,此时利用词典加注的方式,解疑释难、析谬匡误,方可履行汉英武术词典传播知识和文化、指引用户交际的使命。

词典不同于其他读物,准确是词典的灵魂,用户视词典为解疑答惑的"典范",所以词典中的任何信息都要经过严格慎重的甄别加工,要考辨严谨、有理有据。武术专业词汇,古语成语偏多,即使是中文,电影电视中也常见错别字,中文作为母语如果存在错误,那么译语存在缺陷,自然是不可避免的。但是往往失之毫厘谬以千里。以"金刚捣碓"为例:

"金刚捣碓",此势原名"三丰捣碓"。传说,武当派祖师张三丰跟火龙真人(贾得升)学拳时,放谷碓中,以拳击谷,日久功深,飞拳入碓,谷壳散出,唯剩谷粒。陈家沟人借用金刚神话传说之名,意寓武术修炼之精,将此势改为"金刚捣碓",以达"以形取势、借形显意、以意传神"的象形取义目的(张峰,2008:169),"金刚捣碓右手握拳如杵,左手曲如臼,右拳猛落左手心,如石杵捣碓,动作收势的后震足与右拳击左掌,颇显出威武雄厚之气势"。

"金刚捣碓",碓,音"duì",是木石做成的舂米器具,用于去掉稻壳的脚踏驱动的倾斜的锤子,落下时砸在石臼中,去掉稻谷的皮。国内外出版的很多太极英文书籍中,将其翻译为"pounding the mortar",失去了"金刚"文化喻义。而《汉英英汉武术词典》将"碓"误写为"金刚捣锥"。锥,既失去了的气势,又没了金刚降魔杵的形象,结果翻译就成了"Buddha's warrior attendant punching with a cudgel"。词典上出现这种翻译,难免会以讹传讹,害人匪浅。

当然汉字的多义性有时难免会造成歧义,比如,"金刚指"一定是金色(golden fingers)的吗?这是很值得商榷的。

一条不准确的信息会危害一词的释义,而一条释义不准确的词条则会危害不计其数的用户,因此,词典编译应该把追求精确的释义作为职业道德来奉守。

综上所述,汉英武术词典通过汉语正字、汉语拼音、对应译词(插入性、描述性)、插图、加注等(见图4.3)多重便利、独具匠心的词条编码信息,凸显了系统性、科学性、层次性的结构特点,不仅弥补了词典汉语词目和英语译文简单对译的不足,全方位、多角度、清晰、准确地传达了词目信息,而且满足了不同语言词典用户的解码需求,有利于发挥汉英武术词典知识、交际、文化传播的功能。

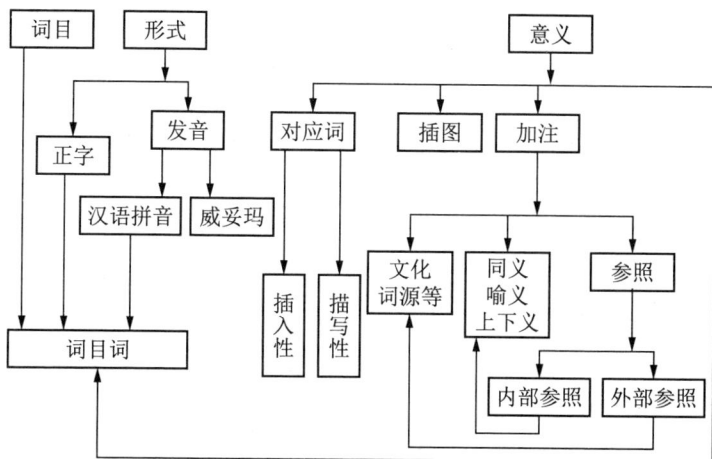

图 4.3　汉英武术词典微观结构构成图

4.3　汉英武术词典文化信息输入的结构设置

美国前总统顾问布热津斯基(Z.K.Brzezinski)在《大棋局》中提出了大国"四标志"说,"文化富有吸引力"位列其一,文化对大国博弈举足轻重,是国家实施国际战略的重要工具(傅守祥,2012:15—16)。2011 年中央十七大首次将文化命题作为全会议题,奏响了推动社会主义文化大繁荣的进军号角。"郁郁乎文哉"(孔子),提升民族魅力,传播民族文化成为新时代的一大主旋律。

集强身健体、修身养性、技击舞美为一体,中华武术正以其独特的魅力受到越来越多世人的瞩目,武术传播正当时。汉英武术词典是武术文化传播的全息载体,是武术国际化的先锋阵地。所以汉英武术词典除了知识和交际功能,还要发挥文化传播功能,武术文化信息的植入途径几乎可以渗透到词典宏观结构的方方面面,如前言、附录、参照、装帧设计等。下面分门别类,从词典宏观结构(微观结构主要是词目的释义,故相关讨论在第五章翻译研究中渗入)的角度,探讨汉英武术词典实现语言教导功能和文化传播功能的同步举措和路径。

"宏观结构是词典编纂的基础,决定着词典的总体编排框架"(李晖,

2013:114)。汉英武术词典要全面展示蕴含着民族文化的武术语言整体风貌,不仅可以依靠微观的词目翻译和阐释。从词典的宏观结构,比如词典收词立目,装帧和版式,前页材料的前言和使用说明,后页材料的附录、书证和相关领域知识参考等方面都可以导入武术文化,以最大限度减少武术文化信息的亏损(cultural loss),全面、系统地纠正武术术语翻译语言和文化脱节的现象。

4.3.1 收词立目

词典学上的词目(word entry)囊括词素、词组甚至句子,外延远远大于语法学的"词"。从词典收词立目看,汉英武术词典在尽量包揽本学科术语的同时,尤其要注意收录文化内涵丰富且容易因为文化误读而带来理解障碍的文化负载词、歌诀和谚语等,从而既能满足用户阅读、翻译、理解和跨文化交际的需要,又能突出宣传丰富多彩的武术文化。比如:"虚招""体用兼备""擒拿""刀如猛虎,剑如飞凤""冬练三九,夏练三伏"等武术文化内涵复杂的词目应该成为汉英武术词典重点收录的内容。但另一方面,汉英武术词典所收录的术语、口诀等文化义项更不能逾越该词典所限定的学科领域,不能盲目而不分青红皂白地照单全收每个文化词目,而要根据词典类型、篇幅和用户需要等对收词立目有所取舍。比如一个中小型汉英武术词典就没必要收录"安舒""师傅""龙腾虎跃"等非武术学科领域的专属词语。

同一个语义场的词,在语义上互相限制、互相依存。比如上义词的(太极拳)手法与下义词掤、捋、挤、按等;反义关系的阴和阳、有极和无极、占先和失先;属于同义语义场的翻子拳和八闪翻、谭腿和潭腿;属于顺序义场的太极二十四式野马分鬃、白鹤亮翅、搂膝拗步等。与普通词相比,同一语义场内的词文化关联性更突出,所以,汉英武术词典可以就某些语义场内的文化词采用列举法,即在列出某个词目的对应译词后,将以该词目为核心的相关术语一并列出。实质上,这与黄建华、陈楚祥(1997:47)所提出的复式结构的词目编排方式——"部分词目纳入词条之中而成为副词目"有异曲同工之妙。比如,在主要词目"手法"词条中列举"采手""吞手""封手"和"点睛手"等与之相关的词目。

以音序编排为基础的复式编排立目模式,符合汉英武术词典系统性、科学性、层次性的结构特征,方便词典用户查阅并全面了解某些特定语义场的文化内涵,从而利于拓展信息,触类旁通,以达事半功倍之效。

4.3.2　附录

大凡工具书,多有附录(appendix)。附录是附在词典后与正文密切相关的参考资料,主要起检索作用,种类有图表、索引、书目等。附录作为词典正文的有效延伸,主要为补充、概括正文中涉及而未予详述的有关信息,从而向用户提供一条深入知识王国的途径,所以附录指向性明确,信息含量大,实用价值高,是词典的一个重要组成部分。从文化信息输入途径看,附录的最大优势是它可以条分缕析地归纳整理相关文化知识,从而使词条中零散的文化知识变得完整、系统。从文化检索的角度看,附录与正文相辅相成,多角度、多渠道地向用户提供各种专业文化知识和信息,使一本工具书起到"一书多用"的作用。

附录设置符合汉英武术词典系统性、科学性、层次性的结构特征。鉴于武术文化的系统性、专门性,专题补充形式呈现的附录是汉英武术词典的一个较佳选择。从现有的汉英武术工具书来看,《汉英武术词汇》提供了"武术竞赛图表""常用器械图""场地图示例"和"队列用语"等12个附录,对词典正文信息起到了系统和补充的作用;《英汉汉英武术常用词汇》内容设计简单,全书是英汉和汉英词目对应译条的结构,词典后面没有设置附录,不能不说是一个遗憾,在词典的整体性上有所欠缺;《汉英英汉武术词典》将"竞赛规则与裁判法""组织机构与等级制度""典籍与书刊""人物"等专项列为词典正文内容,虽然这几块内容是武术语言和文化传播的必不可少的部分,但是笔者认为列为附录更符合词典的本质属性。

除了在词目译义中增加文化诠释外,武术文化负载词还可以通过文内参照的形式在附录中提供专文(feature)或插页(insert)以详细阐述有关文化背景知识。比如通过专文或插页比较详细地介绍各拳种起源时间、创始人、命名内涵、分类和特色等。专文或插页可以就某一个主题,系统地展示文化信息,弥补因词条释义空间有限而难于详细介绍文化信息的不足。这些文化知识介绍对国内外用户深入了解武术知识十分必要。

能体现用户友好原则的汉英武术词典附录设置应兼顾用户理解和查询需要,其文化信息与整部词典相匹配,遵循相关性、适量性的原则,集中展示词典涉及的武术学科知识,体现武术语言的渊源和文化特色,利于用户获取各类信息。

4.3.3 版式、装帧等前后页材料

作为词典宏观结构必不可少的组成部分,版式和装帧等前后页材料虽属小细节,却同样可以发挥文化宣传的作用。以《汉英英汉武术词典》为例,"外部装帧精致,封面以中国红为主色,抓人眼球,里面版式设计清晰、插图创作简洁大方。词典起始十页的彩图以国内外武术交流盛会、武术大师以及主要器械动作演示为主,向用户展示了大师之风采、武术动作之优美和器械之精良"(李晖,2013:115)。可见,弘扬中国武术、勾勒民族文化是贯穿全书的设计理念。

汉英武术词典如何借助前后页材料实现文化信息输入呢?首先要充分借助前后页材料的各个要素,与词典正文相呼应,尽可能把有关联的文化信息成分链接起来,构建起武术语言和文化的一副多维立体画面,使用户能够对词典所包含的文化信息有一个系统性、整体性的认识。

其次,汉英武术词典编辑要精心构思词典版式、色彩、装潢,尽量体现中国武术文化元素。比如,以插页、彩图等手段展示浓郁的武术文化风情,或者在序言、前言和使用说明中大致介绍武术文化知识,以展开编辑和用户之间的语言文化沟通,或利用带有具体页码、分类的目录和索引把整本词典所涉及的主要文化信息进行归纳,方便用户系统感知武术文化信息和武术术语查检。

版式、装帧等前后页材料搭起的文化框架是武术文化信息输入的一个直观、形象手段,使词典内容赏心悦目、内容活泼,使用户感受到大气、绚丽、敦厚的武术文化,从而贯彻汉英武术词典的文化传播功能。

一言概之,汉英武术词典充分考虑用户理解和使用语言的实际需要,独具匠心地驾驭各种文化信息渗透输入方式,通过宏观结构的收词

立目、附录、版式和装帧等多维立体的文化设置体系,为词典输入文化信息铺设了便捷的路径,帮助词典用户扫清文化障碍,扩大武术视野,充分体现着双语词典的文化传播功能。

4.4 小 结①

本章探讨了汉英武术词典如何在宏观和微观结构编排以及文化导入方面遵循系统性、科学性、层次性的词典结构特征,发挥知识、交际、文化传播的功能。指出:汉英武术词典通过篇幅、立目、版式和检索等条分缕析、谨严考究的宏观编排体系,把分散的版块串联成一个完整的知识体系,方便用户全面系统地理解和掌握武术类用语;而汉语拼音、插入性对应词、描述性对应词、插图、文化词源、上下义加注等立体的、有机的解码结合,使词目释义尽可能多样化、层次化、科学化和实用化;同时科学、恰当的文化信息输入是汉英武术词典文化传播功能的要素,文化植入可以最大限度地降低武术语言和文化信息的亏损,对于丰富发展汉英武术词典编纂理论,全面、系统纠正武术专业术语误译和理解偏差具有重要的理论价值和实践意义。

---

① 本节内容已分别发表于《外国语文》2013 年第 2 期,题为《论〈汉英英汉武术词典〉的宏观结构》;《广州体育学院学报》2014 年第 1 期,题为《论〈汉英英汉武术词典〉的微观结构》。

第五章 汉英武术词典词目英译研究

"双语词典编纂工作本质上就是翻译工作,没有翻译,就没有双语词典"(陈伟,2010:39),汉英武术词典编纂的主要活动就是翻译,翻译与编纂相辅相成。但是汉英武术词典词目翻译,与普通术语、文学或者科技翻译虽然在某些方面相似,却更有其独特之处,本章将深入探讨汉英武术词典的翻译。

斯文森(B. Svensen, 1993:140)指出虽然"双语词典的任务是为源语言的语词和短语提供目标语中在语义和文体(语域)上都尽可能接近的对等词。但是两种语言的语词或短语间的这种完全对等是很不常见的",非等值是双语词典的主流。汉英武术词典作为民族特有的武术语言和文化载体,非等值词目众多,翻译尤其棘手。本书第三章根据现代语言学、词典学、翻译学等学科理论的发展,提出汉英武术词典词目翻译中要遵循规定和描写相结合的等值原则、自足与关联相结合的系统原则、意义和文化并重的交际原则、尊重源语形式的美学原则,以履行汉英武术词典的知识、交际、文化传播的功能,故本章拟探讨上述原则指导下武术词目翻译的语义、语体和文化对等,以及完全对等、部分对等和零对等词目的翻译与补偿策略。

5.1 武术词目翻译的功能对等考量①

奈达的"对等"理论在我国译界深入人心,对等把源语和目的语两者

---

① 本节内容已分别发表于《体育科学》2012年第2期,题为《〈汉英英汉武术词典〉翻译得失论》;《广州体育学院学报》2014年第1期,题为《论〈汉英英汉武术词典〉的微观结构》;以及《上海体育学院学报》2015年第5期,题为《论〈汉英英汉武术词典〉的微观结构》;《武术动作名称翻译的美学考量》。

结合起来,提出了语言翻译的最高理想。1964 年奈达在《翻译科学初探》一书中提出了两种不同类型的翻译对等,一种是"形式对等"(formal equivalence),即是对原文形式的再现,另一种是"动态对等"(dynamic equivalence),"动态对等"不拘泥于原文的语言结构,而是着眼于原文意义和精神的对等;后来因为"动态对等"引起了诸多的误解,奈达又把"动态对等"修正为"功能对等"(functional equivalence)。"功能对等"强调翻译的交际功能,要求"不但是信息内容的对等,而且尽可能地要求形式对等"(Waard & Nida,1986:viii,转引自见郭建中,2000:66)。而功能对等的效果则可以通过"比较原文接受者理解和欣赏原文的方式与译文接受者理解和欣赏译文的方式得以确定"(Nida,1993:116)。

从认知语言学视角看,如果词目翻译体现人类语言生成、使用、学习过程中所涉及的认知规律,就可以使用户在习得语言的过程中获得最大效果。所以,以用户为中心的汉英武术词典要求编辑考虑目标用户的接受理解能力,采用各种翻译手段,在目标语的语义场内搜寻完全对等词、近似对等词(absolute or close equivalent)或者忠实于武术词目的解释性文字,力求忠实、准确地反映武术词目的内涵和外延意义,以达到理解和使用的交际目的。汉英武术词典词目翻译功能对等主要体现在意义、文体和文化三个方面。

5.1.1 语义对等

奈达和泰伯(Nida & Taber)强调翻译是"在译语中用最切近而又最自然的对等语再现源语的信息,首先是意义,其次是文体"(1982:12)。所以译文首先要尽力符合原语语义,遵循意义第一的原则。大多数器械、各种拳法、步法、手型、步型等,采用直译(literal translation)的方法即可实现意义对等,比如:双鞭(double whips)、鹰勾拳(eagle claw boxing)、右弓步刺(thrust in the right bow stance)、抡劈(circular hack)等。直译的词条大多属于插入性对应词,词典用户可以直接在交际中使用。

但有时候,译者的理解偏误会导致武术翻译的错误,以"栽碑"为例,搜索文献资料可见各种不同版本的翻译:

(5-1) 栽碑

stele fall

front straight body drop

forward and backward step

straight body drop

straight fall[①]

"栽碑"是一个常见的武术动作,指在倾倒时人身体要挺直,像石碑一样栽倒,直译为"stele fall"令读者茫然不知所言;"front"则使概念以偏概全,因为"栽碑"不仅有"前栽碑",还有"后栽碑";"forward and backward step"(前进和后退步),显然属于谬译;后面意译的两例忠实表达了原语含义,实现了意义对等。

武术的独特性、民族性和翻译中意义第一的原则,决定了武术词目翻译经常采用意译(free translation)方法来消解语言文化差异,使源语和目的语达到意义上的对等。"意译"是将源语的语言文化内涵用译语的词汇来阐释和说明的一种方法。有些简洁凝练的意译的词条可以作为插入性对应词,直接用于目的语交际语境中。例如:

(5-2) 门户之见 sectarian bias in Wushu circle

"门户之见"中的"门户"是派别、派系之意,而"见"特指偏见、误解,所以"门户之见"是指因武术派系不同而产生的偏见。同理,武术术语中的一些俚语、行话的翻译也大多采用意译的方式,比如:

(5-3) 拉架子 practice basic postures

武术词目翻译中意译的考量使武术翻译不拘泥于原文形式的束缚,灵活采用各种翻译策略,以达到与原文"对等"的知识、交际和文化传播效果。但由于武术鲜明的文化特点,即使给出了意译的插入性对应词,也难以传达原语的所有信息(意义不自足)时,经常会采用释译(para-

---

① 第一例参见吴必强(1988),第 133 页;第二例段平、郑守志(2007),第 63 页;第三、四例王文花、马英:《非遗视角下的峨眉武术翻译》,《四川职业技术学院学报》2014 年 4 卷 2 期,第 65 页;第五例解守德、李文英(1989),第 118 页,以及佘丹、陈南生:《归化异化策略在武术中术语翻译的应用及评析》,《西安体育学院学报》2007 年第 6 期,第 59 页。

phrasing)的补充方式,或者增加描写性对应词,比如:

(5-4) 正门　front of the body, including the chest, abdomen and crotch

(5-5) 三阴指　tripartite fingers：attacking the rival with tree fingers

"正门"的意义不是通过单个字和词的表面意义表达出来,而是隐藏在武术专业交际的字里行间中,所以首先不能按字面上的对等翻译为"front door",以致完全背离原文的真正意义,而应该要用目的语中相应的词汇"front of the body"来对译,然后为了说明"front of the body"的具体部位,补充解释原文的内涵"including the chest, abdomen and crotch",以使词典用户更清晰理解译文。"三阴指"同样如此,没有后面的描写性释义,词义难以实现自足。意译的描写性和补充释译可以灵活保留原语信息,实现意义对等。插入性对应词和描写性对应词结合的武术词目释义是汉英武术词典规定和描写相结合的等值原则的必然要求。

汉语繁杂,武术术语名目繁多,涵盖广泛,各门派间互相学习交流甚众,使得传统武术拳械的某些动作有多个名称,武术动作名称的多样化容易迷惑译文读者,给翻译带来难度,比如八卦掌中的提膝点脚,又名猿猴登枝或点子腿,"旋转平抹剑",又名"风扫梅花"。而且汉语固有的模糊性为武术术语英译的科学准确性也带来困难,比如"拳"泛指一系列的徒手动作,从过去相当长的时间以来,大多被翻译为"boxing"和"fist",而"boxing"是"sport of fighting with the fist"(拳击),"fist"则是"hand when closed tightly with the fingers bend into the palm(拳头)",两者在具体意义上还是有区别的。

5.1.2　文体对等

文体对等主要涉及语音、修辞、意境等形式方面,和美学因素相关。中华武术历来主张名称美、意象美、节奏美等审美意识,美学是武术翻译无法回避的话题,因此文体对等是武术词目对等翻译的一个重要方面。

功能对等所谓的最切近而又最自然的对等语,"切近"是指译语和源语信息相近,这是意义的对等;"自然"是指合乎译语表达方式,这是文体的对等。汉英武术词典翻译要在意义等值基础上,尽力移植源语文体之美。无论是"形具而神生"(战国・荀子)、"形神相即"(范缜・神灭论),

还是"以形写神"(东晋·顾恺之)都说明了意义和形式相得益彰的重要性。若能在意义对等之余求得文体对等,实为武术翻译之终极追求。对比下面"燕子抄水"五个版本的翻译:

(5-6) 燕子抄水

swallow skims across the water

swallow skims over the pond

diving swallow

swallow dipping water

swallow skims the water[①]

汉语中的燕子被寄寓为春的使者,形象美好,"燕子抄水",平仄有序,读来朗朗上口,本意是燕子由高空飞身而下,疾速轻盈地掠过水面,喻指武术动作洒脱利落,传神逼真。用词方面,"dive"(潜水、跳水)以及"dip"(浸水)丧失原义信息,"skim"(掠过)略胜一筹;"pond"(池塘)未免太过拘束小气;释义结构上,汉英武术词典要尊重源语形式的美学原则,而"diving swallow""swallow dipping water"之类动名词短语,不能体现源语的动感;"skim"既可以做及物又可以做不及物动词,及物用法更为简洁,而且"swallow skims the water"中头韵/s/和/w/间隔有序,生动而饱含音韵谐趣,给人优美的音韵冲击;原语(主谓结构)和译语(主谓为控的句子)在意义与形式上都具有相似性和一致性,翻译自然、不着痕迹,凸显了形神兼备原则,体现着武术语言之美的魅力。

《汉英英汉武术词典》的"词条译文一般采用名词、名词短语或动名词短语的形式;歌诀和谚语一般采用句子的形式"(使用说明)。一般专科词典是名词术语的集合,所以自然选择名词对应词。但是,武术承载着动感、力感十足的动词或词组,如果统一采用"名词、名词短语或动名词短语"以名词为主的形式,未免太过教条死板。汉英武术词典词目翻译主张尊重源语形式,体现源语美感,释义原则,试对比下面两个术语的两个版本的翻译:

---

① 前两例参见周庆杰(2004),第 108 页;第三例参见解守德、李文英(同上),第 30 页;第四例参见段平、郑守志(2007),第 299 页,第五例参见 2014 年国际太极拳竞赛规则。

(5-7) **按刀**　pressing broadsword

press broadsword

(5-8) **抡鞭绕头**　circling whip around the head

circle whip around the head

显而易见,两个术语第二个版本的翻译更有气势,有力感,更接近源语。但是在语言文化差异背景下,意义和形式兼顾的理想翻译往往很难实现。有时候,"形式很可能掩盖源语的文化意义并阻碍文化交流"(李克兴,2010:59),此时,译者只能牺牲形式对等,退而求其次,通过改变原文在译文中的形式以再现原文的意义和文化。否则"马步平抡"就会成为完全不通的"horse stance horizontal sweep",而"花拳绣腿"也成了荒唐的"flower fist,embroidery leg"。需要注意的是这种改变以最少为佳,以尊重源语形式的美学原则,比如:

(5-9) **野马分鬃**　the wild horse parts its mane：part one's hands slantingly for holding or striking

parting the wild horse's mane：parting one's hands slantingly for holding or striking

part the wild horse's mane：part one's hands slantingly for holding or striking

四字格成语是历史上沿用下来或者群众中长期流传的见解精辟并含有特定意义的习语或成语,四字格是汉语的特色,内容言简意赅,形式上整齐匀称,语音上顺畅悦耳,兼有形式美和意义美。上例"野马分鬃"虽然表面上是主谓结构,深层意义上是动宾结构,所以第一例翻译为误译,第二、三例改变了原文形式,但是再现了原文意义。而第三例保留了动作感,以最少形式变化,体现了源语形式的美学特征。所以,从交际的角度看,语言的得体性与正确性同等重要,因为语言不得体将导致源语的价值和美感丧失。

除了准确再现源语的语言信息,武术词目的翻译还要考虑目的语语境,遗漏关键的社会语境信息往往会导致源语的语言信息传递不足或偏误。有些武术词典的喻义注释或标注使某些词目的翻译丧失了汉语喻

体之美。武术词目的中英喻体不同时,翻译中也要以意义对等为先,但是要尽量周全源语语体之美。以"金刚指"为例:

(5-10) 金刚指　Golden fingers：one of the Shaolin techniques by beating the wall，stake or other objects with the forefinger

"金刚指"这一词目中的"金刚"直接省略不译,使得词典用户丧失了佛教中金刚大力士的心理意象,所以不能体现汉语之美,而且"金刚"不一定是"金色"。长此以往,武术语言之美将逐渐淡化、遗失,那将是一个可怕而且难以逆转的悲剧。笔者建议改译为：fingers of Buddha's warrior：one of the Shaolin techniques by beating the wall，stake or other objects with the forefinger,以尽量保存原语的意义和文体信息。

奈达强调,形式也表达意义,形式改变难免引起意义改变,所以,他提出了翻译中不得不改变形式的五个前提条件①,包括直译导致误解、语义空白等,以避免胡译乱译。以"咏春拳"为例,有"Praise Spring Boxing""Eternal-spring Boxing"等版本的翻译。"咏春拳"名字的由来,是根据五枚师太的徒弟严咏春而命名,但被译成"Eternal-spring Boxing""Praise Spring Boxing"之后,既失去了本意,又容易误导了译语读者,形成"歌颂春天"或者"永远的春天"的错误概念。所幸,现在的双语武术词典基本采用音译"Wing Chun Kungfu"加文化注释的方式。

再看"九阴真经",不少词典和著作将其翻译为"nine women's story",实在是荒谬,"九阴"并非"九个女人","九"是"九篇"之意,因为"九阴真经"包括易筋锻骨篇、摧心掌篇、大伏魔拳等九篇。

这种等值,只是形式上、孤立字面的对应、实际含义相差甚远。在这种直译意义错误、引入外来语会导致误解,形式对应会造成歧义的情况下,"Legend of the Nine Scrolls"不失为一个很好的选择,至少实现了意义和文化的对等。

---

① 翻译中改变形式的五个前提条件：(1)直译会导致意义上的错误；(2)引入外来语形成语义空白(semantic zero),读者有可能自己填入错误的意义；(3)形式对应引起严重的意义晦涩；(4)形式对应引起作者愿意所没有的歧义；(5)形式对应违反译入语的语法或问题规范(Waard & Nida，1986,转引自郭建中,2000:66)。

5.1.3　文化对等

实践翻译中,经常会发现,目标语文化中有时会缺少源语文化中的有些因素,相应的,这些因素的语言表达在目的语中空属于空白(void 或 gap),文化空白词在汉英翻译中普遍存在。任何一种语言都反映着特定的民族文化。因此"翻译语言不可能不翻译语言背后的文化"(卜玉坤、王晓岚,2009:86)。在双语词典编纂中,提供文化信息已逐渐成为辞书翻译人员的共识。汉英两种语言本身就存在较大差异,加上在截然不同的语言和文化背景下而产生的文化空白词,使得武术翻译工作异常艰辛。

意义和文化密切联系,不可分割,武术文化空白词数量众多,决定了汉英武术词典词目翻译要遵循意义和文化并重的交际原则。根据奈达的对等翻译理论,翻译佳作是从语义到形式再到文化都能再现源语的精神和风格的译文。尽管代表不同文化的两种语言,可能会有相似的因素,但不可能完全相同。比如"双蝶步""鹤顶手""青龙剑""抱虎归山"中的动物词"蝶""鹤""龙""虎"和"手挥琵琶""站如松"中的"琵琶""松",在中国文化中,都有特殊的美好寓意。如道教中的鹤飘逸的形象是长寿、成仙的象征,还是吉祥、长寿、幸福、忠贞等的象征,在古代神话、民间传说和文学创作中,更被神化为仙鹤、神鹤,视作吉祥、幸福、尊贵、高雅、长寿的形象代表,但是在欧洲文化中,它却代表着卑鄙、战争和恶妇。同一种动物,不同文化赋予不同的寓意。汉语的"虎"是"百兽之王",权威的象征,与"虎"相关的成语有"卧虎藏龙""如虎添翼""虎踞"等,但"虎"的角色在英语国家文化中是由"狮子"承担的,所以"虎口拔牙"往往被译为"beard the lion"(拔狮子的胡须),"狐假虎威"被译为"ass in the lion's skin"(披着狮皮的驴)。再如,也许是受梁山伯祝英台故事的影响,蝴蝶成了中国文化中忠贞爱情的象征,可是英美人眼中的"butterfly"却是"游手好闲""轻浮"的典型。

因此,完全展现原文语言文化内涵的完美翻译是不可能存在的,大多数情况下,译者只能采取补偿、阐释等方式灵活地再现源语文化。不同的文化负载词蕴含着不同的文化信息,对不同文化词空缺意义的处理采用不同的方法。比如下例文化空白词"有极"首先采用音译对译，然后以阐释的方式给出词目释义，以传递词目文化信息，方便目的语用户更好的理解和运用：

(5-11) 有极 *Youji*：sate of mind between the preparation and the start of actions, after the state of *Wuji*

文化负载词的翻译是一种跨文化的双语语码转换，单有语言的浅层意义简单转换无法和特定的文化背景相关联，不可能实现意义自足。所以，在翻译文化负载词时，编辑要照顾两种文化的交流，注意深层文化蕴义的呈现。恰当的词目释义，不仅要求翻译恰当，还要语境相符，即编纂能根据词目使用场景或文化内涵尽量列出相关信息，以帮助用户避免或少犯语用错误。在词典编纂上，以往的消极型汉英武术词典释义往往只追求语义上的精确，而很少提供语用文化信息，造成理解和交流障碍。汉英武术词典提供语用文化信息的方式，既可在词目释文中另辟"文化注释"或"语用提示"，也可设附加栏或者后附页说明。以"金钟罩"一词的释义为例。

金钟罩，顾名思义是"有一金铸之钟覆罩全身"，形容外力难以攻进。本词目属于武术常用词，但是《汉英武术词汇》和《英汉汉英武术常用词汇》都未见收录，《汉英英汉武术词典》是这样注释的：

(5-12-1) 金钟罩[jīn zhōng zhào] gold bell cover exercise：exercise of beating the whole body with a wood or iron hammer

以上注释不仅将"刀剑难损"误译为木棰或铁锤打（beat）不透，也没有反映"金钟罩"的文化内涵（少林四大神功之一，为达摩禅师所创。练成后运用气功，体外如有金钟覆罩，刀剑难损），所以试改译为下：

(5-12-2) 金钟罩 gold bell cover exercise〈中〉A hard qigong of Shaolin Kungfu which leads to impenetrable defence

上述"金钟罩"一词释义＋"文化注释"，可以比较准确地传达愿意。

另外，还需要注意的是，武术词目的中英喻体不同时，翻译中也要以意义对等为先，"意义总是应当优先于文体形式的"（卜玉坤、王晓岚，2009:89），比如：

（5-13）剑走青，刀走黑　the key for practicing sword is being smart, and the key for practicing broadsword is being strong

青和黑两个颜色词在汉语中有特殊的含义，青指"轻捷便利"，交手之时，能干净利索地躲闪对手的进攻，谓之"走青"；剑本身轻、短、细、薄，对付粗重兵器，难以硬挡硬架硬格，只可逢坚避刃，遇隙削刚，仗着身法便利、招法变换取胜。"黑"，是很毒凶猛之意，就是说刀法要狠、要猛。刀本身面宽而背厚，交手之时，可大劈大砍，硬挡硬架，刀锋过处，如滚瓜切菜。所以说："刀走黑"。在如此复杂的内涵背景下，如果"青""黑"直译为"blue""black"，将完全掩盖原语内涵信息。所以说，如果没有遵循意义和文化并重的交际翻译原则，本翻译词条完全不可能达意。

5.1.4　小结

从功能对等看，汉英武术词典词目功能对等翻译主要体现在意义、文体、和文化三个方面。翻译过程中，要尽力贴合原语语义，遵循意义第一的原则。文体对等主要涉及语音、修辞、意境等形式方面，和美学因素相关。意义和形式相得益彰，方为武术翻译之终极追求。文化对等是武术词目对等翻译的另一个重要方面，只有文化对等才能体现武术文化之魅力和语言之内涵。在语言文化差异背景下，意义、文体和文化兼顾的理想翻译很难实现，此时，译者只有牺牲形式对等，通过意译、转译、省略、阐释、补偿等手段再现原文意义和文化。语义对等、文体对等和文化对等不是互相矛盾的，而是互相补充的，能兼顾各方当然是最佳选择，但是很多时候需要择其善者而从之，任何变通都需慎重考虑。

5.2　武术词目翻译的美感对等考量①

孙致礼指出，"翻译的根本任务，是准确而完整地传达原作的思想和风味"（2002，42）。"风味"主要靠语音、语义、和语体的美感对等来实现。翻译不是单纯的语言转换，还是译者理解美、创造美、移植美的过程，翻

---

①　本节内容曾发表于《上海体育学院学报》2015 年第 5 期，题为《武术动作名称翻译的美学考量》，部分内容已作修改。

译史上的任何佳作,无一不凝聚着作者创造美的心血。美感等值使源语的美感启发、艺术境界得以传递。中国美学讲"美在整体,美在和合"(戴国斌,2004:66),强调审美主体的整体感受。历史悠远的武术蕴藏着深厚的美学基础,历来注重名称美、礼仪美、形体美、造型美、意象美、节奏美、服饰美、音乐美、精神美,是美的化身和体验,审美意识可谓武术不可分割的有机一部分,但是迄今为止,武术术语谚语和口诀等在翻译美学研究上却几近空白。翻译实践中引入美学原则具有重要意义。翻译美学考量是武术翻译的一个重要纬度。离开美学分析的武术词目翻译,无法体现武术之精髓,更不可能"以词典用户为中心",传达真实的武术文化内涵。

"吟安一个字,捻断数茎须"(卢延让)和"一名之立,旬月踯躅"(严复)的感慨应该不只是出于"顺达",更多有"雅"的考量。译者作为翻译审美主体,既要负责对原文的审美信息解码,又要对译文编码以再现原文的审美信息。无论解码还是编码,都必须以原文为基础,原文对译者的客观制约性始终贯穿于译者的审美实践中,所以受制于审美客体是翻译审美主体的一个基本属性(刘宓庆,2011:134)。下面将选取翻译审美主体受制于审美客体的三个角度——原语形式美、原语非形式美以及双语的文化差异,结合具体译例,来探讨武术词目美感效应的可译性。

5.2.1 受制于原语形式美的武术词目翻译

形式美是指"语言的表现手段(语音和文字等)和表现方法"(刘宓庆,2011:135),包括"整齐的美(语言的对偶和排比)、抑扬的美(语音的抑扬顿挫)和回环的美(语言形式的重复和再现)"(冯春田等,1995:606),所以与语音美和语体美相关。不同文化对于语言美有不同的认识,如汉语的双声与英语的头韵之美;汉语句式行云流水,形散意不散之美,英语句式主谓为控,层次分明的凝聚之美,所以发挥译者能动性,展现原语形式美是翻译过程的一大挑战。武术深刻植根于中国特有的传统文化,中式思维突出,汉语表达特色鲜明。且看下面两例:

(5-14) 意气君来骨肉臣　The bone and the flesh are directed by will and spirit

（5-15）不怕千招会　就怕一招熟　Being good at one special movement is better than merely superficially leaning a thousand

两例武术谚语是典型的汉语表达，与汉语离散、意合的句子审美意识相吻合，简洁利落、读来掷地有声；转译后的句子型释义自然、易懂，而且符合英语句式主谓为控的审美特点；第二例对仗汉语句转换为英语比较级句子结构，保留了原句的强调气势，避免了沿袭原文句式可能带来的生涩感以及由此而丧失审美效果的危险。对比下面三句武术歌诀的翻译：

（5-16）拳打千遍　身法自然

Boxing practice makes natural body techniques

Boxing fight a thousand times，body nature

上面两种翻译的释义处理显然完全不一样，第一例采用意译和略译（省略"千遍"）的方法，简练有力，其中反复出现的/k/音清脆，"makes"和"techniques"的押韵音/ks/音前后呼应，节奏和谐；第二例采用直译的方法，佶屈聱牙，翻译腔十足，汉语的节奏感和可吟唱性飘然若失，不仅完全丧失了句子表达的美学价值，而且不合乎英语语法，根本不能"make any sense"。

（5-17）一寸小，一寸巧　The smaller the weapon，the smarter it is

上述译文不仅模拟传达了原文押韵（头韵/sm/和尾韵/ə/）、节奏等方面所表现的美感，还兼有骈俪之美，生动而饱含音韵谐趣，给人优美的音韵冲击。同样，"眼无神，拳无魂"，"No vigor in the eyes，no strength in the fist"，以句首重复补偿句中重复，工整中匠心独运，保留了原句的对仗美。

（5-18）远掌、近肘、贴身靠　If the opponent is far，attack him with fist，if he is near，attack him with elbows，and if he is close to you，attack with shoulder and back of your body

此翻译看似平庸，但是诵读起来，舒缓从容，节奏感强，这是因为除了"attack"所形成的排比结构外，还有"far"和"fist"所形成的头韵/f/，以及"opponent""close""shoulder"的腹韵/əu/，所以译句较好地补偿了原文的审美视听信息，保留了原文生动感性的形式美。

主体翻译实践受制于形式美，所以武术词目翻译要注意尊重源语形式。汉语武术词目凝练着传统思想，是中国文化的结晶。尊重源语形式，尽量保留源语的特点，一方面可以克服单纯采用词组型或句子型的缺陷和不足，另一方面，使译语自然，可以唤起词典用户同等或相似的言语活动心理表征。中国武术动作名称为体现动感，多对仗或比喻的四字格动词，但不少汉英武术词典却采用了动名词短语的对译形式，如"黄蜂入洞"（wasp flying into the hole）、"燕子入巢"（swallow flying into nest）等，这种形式很难保留和传达原文的动感、力感和美感，使原语之美大大亏损，降低了源语的语用和审美效果，颇受诟病。翻译忠实性原则要求尽量遵循源语语言特点，所以译语以沿用动词形式"White crane spreads its wings""Swallow flies into nest"表述为上。同理"挟虎进山"译为"carry tiger to mountain"，"掩手肱锤""cover hands and strike with arms"，才能动感突出、节奏明快。

"比喻之美在于喻体的选择，不同喻体呈现出的美感不同"（王彦芳，2000:70），武术翻译中要注意汉英喻体之别，比如"丁步按刀"译成"press broadsword with the stance of Chinese character Ding"（按刀并伴以汉字"丁"的步型）会使英语用户大感疑惑（李磊，2010:104），因为汉字"丁"在英语中对应"letter T"（比如"丁字路口"为"a T crossing"），所以转译为"press broadsword with the stance of letter T"，才能表述贴切、易懂。

需要注意的是，注重原语形式美，切不可为了形式而牺牲原意，以免造成误解。如"南拳北腿，东枪西棍"本意是要表达中国武术流派鲜明的南北地域色彩，有人却译为"South is fist, north is leg, East is spear, west is cudgel"，令人不知所云。"存真方能求美"，误译谬译，何谈美？

5.2.2 受制于原语非形式美的武术词目翻译

非形式美是指原作者的情怀、气质、意志等非可视性美学因子，主要和语义美相关。翻译过程经常陷入一种困境"固己知之，无以言之"，这不仅是由于达意的需要，更是传情的需要使然，尤其是涉及翻译原语非形式美之时。

武术之美,除了名称美外,更有意象美、气势美、武德美以及和谐美,相辅相成,造就了武术的审美境界。受制于武术语言非形式美的可译性限度,尤难突破。在翻译实践中,需反复斟酌。结合实例,分析如下:

"天马行空"译为"steed soars across the sky"简洁清晰。"天马"略译为"steed"(骏马、战马),配上"行"转译为"soar"(翱翔,高飞),足以体现"天马奔腾、气势豪放"的意境,如以"god horse"或者"heavenly steed"翻译反而累赘,让人费解。"意真则简,品贵则简"(刘大櫆,《论文偶记》),简约是最高境界的美。

"一寸小,一寸巧"英译"The smaller the weapon, the smarter it is"采用了头韵和尾韵形式以及平行句子结构,与汉语的对仗格式相呼应,完美地表达了醉拳"软而不散""乱而有序"(夏俊彪、康庆武,2010:79)的最佳状态,恰到好处地突破了原语形式美和非形式美的可译性限度,是意象美翻译的典范。再如:

(5-19)拳是流星,眼似电 The fist should be as quick as the shooting star and the eyes should be as sharp as electric current

(5-20)拳打三山猛虎,脚踢四海蛟龙 Fist fierce tigers in three mountains and kick flood dragons in four seas

武术运动是融力和美于一体的艺术结晶,给人以健康向上和气势磅礴、荡人心曲的运动美的享受。上面两例中的"流星"(shooting star)、"电"(electric current),和"猛虎"(fierce tigers)、"蛟龙"(flood dragons)形象地表述了目光之锐利,拳脚之凶猛、迅速,凸显了武术原语和翻译的气势美,译语能活灵活现地表现出演练套路时,犹如有千钧之力扑面而来,势不可挡,自然给人以威风凛凛的气魄美的感受。最后看下面两例:

(5-21)以形传神,以意引气 The form bears internal grace and the will lead the qi

(5-22)拳无意,意无意,无意之中是真意 (in practice and fighting) Neither formula in boxing, nor intention in mind, as it is a high state of a ready practitioner

由于武术运动的动作与套路按照动静、进退、圆空、虚实、形意神、内容与形式等对立统一规律精心编排而成,因此其动作的审美特征,主要表现于内外合一、神形兼备、动作自然流畅的美的展示。"以形传神,以意引气"和"拳无意,意无意,无意之中是真意"体现着武术"天人合一"的最高境界,是一种人与自然统一的和谐之美,其各自的译句完好地实现了此美学效果。"the form bears internal grace and the will lead the qi"的主谓并列句结构代替了汉语的介词结构,"bear"用词恰切,"grace"体现着内在的优雅;"Neither formula in boxing, nor intention in mind, as it is a high state of a ready practitioner"中的"neither … nor"体现着一种平行结构之美,结构相同、意义并重,有助于增强语势,提高表达效果;此外,"neither … nor"与"as …"相照应,来表达汉语的三个形散意不散的分句,不仅体现了英语句式的形式凝练之美,而且也较好地传达了原句充满禅机的语义内涵——上乘功夫是不刻意使用某一套路或招式,而是在不经意状态下的"相机而动""得势而发"。汉语这种"意在不言中"的模糊美在译文中转换为言简意赅的清晰美,行文潇洒利落又不失原意,符合英语的美学思维方式和表达习惯。

5.2.3 受制于双语文化差异的武术词目翻译

由于文化差异的隔膜,在"忠实"或者"信"的翻译原则指导下的语言转换可能会带来信息误读和心灵伤害,最终使翻译沦落为文化离间的利器,而不是沟通和理解的桥梁。因此,不少学者将文化差异看成是翻译的"死穴"。

传统武术与中国文化的其他形态,诸如天文、地理、军事、医学、哲学、艺术等相交融,积淀着浓厚的民族文化信息,这是武术翻译的难中之难。如:"红拳"是中国拳种之一,其内容丰富,套路繁多,因地域、民族而异,分有"回红""苗红""豫红""陇红"等。"红拳"的"红"并不是说明颜色,只是专名而已。现今大多词典或教材将其翻译为"Red Boxing",如此一味地追求形式对等,终导致其意偏离。因为"red"并不像"红色"一样表达"吉祥、热烈、兴旺",而是经常和"血腥革命、恼火、屈辱、紧急"等信息相联系,译语完全不能实现"文化传真",所以笔者认为,为避免不美好的联想,"红拳"采用音译"Hong Boxing"较妥。

再如"太极拳"也是译法繁多，"shadow Boxing""Tai-chi Chuan""Taiji Boxing"等。"Shadow Boxing"，在英文中，可表示"fighting with an imaginary opponent"，意即"与假象对手搏斗"，多用于拳击训练当中。此外"Shadow Boxing"本身还有"虚幻而不做实事"的意思。所以，"太极拳"与"Shadow boxing"不仅意义不对等，而且完全丧失了"太极拳"源语之文化美感。而随着太极拳的普及，保留异域语言风情美的"Tai-chi Chuan""Taiji Boxing"早已被英语国家人们所广泛接受。

武术讲求形体艺术美，在汉民族重形象思维的影响下，武术语言常借助动植物的姿态来描述武术套路，如"风卷莲花""犀牛望月""鹞子钻天"等，这就是象形武术的来源。象形武术词"借用具体形象表现或暗示某种观念、哲理或情感"（李晖，2012：96），比如：燕子轻巧、猿猴敏捷、龙狮有气势、鸡善斗、鹰矫健等，在惟妙惟肖表达象形概念的同时，还赋予了武术动作审美和象征意义。由于中西文化对于动物词赋予的形象内涵不同，所以武术翻译中一定要避免象形词的谬译。试对比下面两例"虎"的翻译：

（5-23）黑虎出洞　Black tiger comes out of lair

（5-24）养虎贻患　Warm a snake in one's bosom

"老虎"代表的形象是"威风""勇猛"，如"虎气生生""如虎添翼"等，所以第一例中的"tiger"完全可以表达"虎"的威猛之气势，但是第二例"养虎贻患"比喻"纵容敌人，自留后患"，"虎"是个贬义词，不能翻译为"tiger"，故以英语谚语"to warm a snake in one's bosom"（用自己胸口暖和一条蛇）来替代，这种不留痕迹的替换翻译，生动贴切，传神逼真，富有感染力，实现了原文和译文的意义和美感对应，美哉斯译！

再说"麒麟"，麒麟与凤、龟、龙共称为"四灵"，是神的坐骑，雄性称麒，雌性称麟，是中国古代传说中的仁兽、吉兽，现实中常用"麒麟"来比喻杰出的人，麒麟主祥瑞、多子多福，所以有"麟凤呈祥""麒麟送子"的说法。但是"麒麟步"在很多武术词典和武术教程中被翻译为"follow-up step"，虽然翻译出了大致的步型，但是丧失了"麒麟"的意象美。何况，"麒麟"的音译词"Kylin"已逐渐走入了英语世界，比如总部位于美国纽约州的麒麟电视台(Kylin TV),所以能否将"麒麟步"翻译为"Kylin Step",以激发习练者对麒麟步型的象形美的想象? 同理"麒麟鞭"可以翻译为"Kylin Whip"。

最后看"静如处子,动如脱兔"的翻译,时下汉英词典中主要采用下面两种翻译:

(5-25)静如处子,动如脱兔

Be clam/quiet as a virgin and swift as a hare

As quiet as a maiden when at rest and as nimble as an escaping hare when in action

兔子怀胎29天,与月亮的圆缺周期接近,所以在中国兔子和嫦娥一起,被奉月神,兔子还是一种吉祥物,代表"聪明灵活"和"长生不老",节庆民间挂兔灯、剪兔纸。英语中"兔子"常用词有"rabbit"和"hare",但与"hare"相关的的词语搭配大多是贬义,比如,"make a hare of sb."(愚弄某人)、"start a hare"(在讨论中提出枝节问题),显然"hare"不能反映"兔子"的美好寓意。英语中"maiden"比"virgin"更有意象之美,所以笔者主张改译为"As quiet as a maiden at rest and as swift as a rabbit in flight",如此,不仅在结构上保持原文的对仗形式,还兼有/t/的押韵,节奏起伏优美,更重要的是可以避免文化差异容易造成的误解。

同理,"丹田""八卦掌""大悲拳""咏春刀""手挥琵琶"等都具有强烈的民族文化意义,在翻译实践中,切忌望文生义,避免由于理解偏差造成误译,而完全丧失民族文化美感。

由此可见,"客观制约性"无情地扼杀源语美感在译文中的传递,而译者的"主观能动性"却能使看似无法传递或挽留的原文美感得以在译文中生存(毛荣贵,2005:40)。虽然武术翻译审美主体会受制于审美客体的原语形式美,原语非形式美,以及双语的文化差异等层面,但是发挥译者的主观能动性和创造性,灵活采用模拟、补偿、替代、音译、转换、略译等翻译方法发挥译者审美表达潜质,可以最大可能地突破可译性限度,再现武术语言之美。审美客体美的再现,离不开翻译审美主体审美功能的发挥。

5.2.4　小结

传统武术有四美,形美、神美、德美和道美(崔怀猛,2007:124)。美学视角下的武术翻译,不是为了要在"忠实通顺和美"之间取得平衡,而是为了在尊重源语形式的前提下,继承和发扬武术美的要素。择美而行、择优而为,不会束缚"忠实通顺"的翻译原则。优秀的武术翻译,除了"忠实""通顺",还能体现源语之美。美学视角是武术翻译的最高境界,武术翻译引入美学原则,必将使武术在译语中大放异彩,并为武术翻译理论和实践带来勃勃生机。

5.3　武术词目翻译的文化对等考量

巴斯奈特与勒弗菲尔(Bassnett & Lefevere)认为文化功能等值是翻译的最终目的(1990:7—10)。武术语言本身就是文化的符号,文化渗透在语言的各个层次。汉英武术词典属于文化依赖性词典,要多些文化考量和担当,通过多种方式展现源语文化,构译出蕴含在汉语词汇中的文化象征意义或者称"国俗语义",尽量实现文化功能对等。汉英武术词典遵循意义和文化并重的交际原则,目的是适应用户需要,扫清文化障碍,最大限度地保留武术语言中弘扬民族文化的因子,防止因为文化特色缺失而造成用户对这些文化负载词的误解。

汉英武术词典词目翻译主要在词典的微观结构中进行,词典的微观结构,即词典"具体条目中经过系统安排的全部信息"(黄建华,2001:67),如义项、插图、对应词和词源等细节。目前坊间的汉英武术词典大多为消极型词典——想方设法为武术词目寻找对应义项,而很少关注文化信息的输入。这种情况,一方面不符合异族语言不完全对等的客观现实,割裂词条与其所表示的概念本质之间的联系,造成武术语言理解的困难或偏差,另一方面很不适应推动武术走向世界,构建中华文明身份的需要。

从文化对等的角度看,汉英武术词典的词目翻译不应该局限于源语词目的规定性描述,而应该在译语文本中体现文化功能的等值。巴斯奈特(Susan Bassnett)认为"翻译只能是对另一种符号的充分解释,完全等值是不可能的"(转引自廖七一,2001:344),所以翻译要以文化为翻译单位,以文化功能的等值转换为目的。

通过汉英武术词典微观结构的义项、插图、参照、词源等,探索汉英武术词典的文化等值翻译功能,突出文化负载内涵,可以帮助用户消解武术语言和文化之间的偏差,以实现汉英武术词典知识、交际、文化传播的功能。

5.3.1 义项

提供文化信息的最直接途径是义项,义项能够具体生动地传达文化信息,所以汉英武术词典首先要重视在释义方面文化信息的渗透和传播。早期的汉英武术工具书如《汉英武术词汇》(吴必强,1988)和《英汉汉英武术常用词汇》(解守德、李文英,1989)中的大多词目只是列举了简单配对的义项,没有重视文化义的附加义项,极大地影响了义项传播文化信息的功能。2007年出版的《汉英英汉武术词典》(段平、郑守志,2007)对义项文化再现做了颇有意义的探索,如:

(5-26)太极　Taiji：a primitive state in Chinese philosophy

中国古代哲学用"太极"来说明世界的本原,认为宇宙是从无极到太极,以至万物化生的过程。上例把武术语言当作一个内容丰富的符号,由浅入深、由表及里地先是给出了词目的对应译项,然后通过文化义项给出了简明的释义。但是本词典不少词条仍有改进的余地,如:

(5-27-1)无极　state of mind at the beginning for the preparation of box exercise：the mind should be empty without any form or image in it

"无极"即道,是比"太极"更加原始更加终极的状态,"太极"和"无极"是中国文化中最常用的象征性符号。兹古斯塔曾强调"同一类型的所有情况应该用同样的方法去处理,并贯彻始终"(1983:431);冯奇、万华也指出体例一致是词典科学性与成熟性的重要标准(2003:19),所以为保持词典类似强文化负载词(如太极、有极、阴、阳等)释义一致性,笔者认为"无极"如下释译更佳:

(5-27-2)无极　Wuji：state of mind at the beginning for the prepara-tion of box exercise，in which the mind should be empty without any form or image

文化义项大都是"言外之意"，作为一种描写性信息补充，一般置于插入性对应译项之后。对武术文化负载词的文化阐释体现了编者以"用户为中心"(Reader-centered)的新文化理念，是汉英武术词典贯彻用户友好原则的基本要求。但是文化意义不仅仅体现在词汇意义中，也体现于词汇结构上。武术术语口诀在诞生、发展、变迁过程中，总是受到民族文化的影响，糅合了中华文化意识。武术术语所隐含的文化意义比较容易引人注意。然而，在词的结构形式方面，如比喻(鸳鸯刀)、拟人(童子拜佛)等修辞手段，术语和口诀的组合规则等，也同样有着浓郁的文化底蕴。组合规则，即词形和词的组织规律，也是民族文化内容的表达形式，同样渗透着特定文化环境中的群体思维，是民族语言的"约定俗成"(Conventionalized)。如强调意合(Parataxis)的汉语更重视逻辑顺序，所以武术术语和口诀中对语素前后位置的选择，自然会受到汉文化因素的制约。以"内固精神，外示安逸"为例：

（5-28）内固精神，外示安逸　strengthen the spirit inwardly and appear at ease outwardly

"内固精神，外示安逸"语出武禹襄《太极拳解》的《十三势行功心解》，是太极拳气韵、风格的两个方面。"内固精神"就是精神要扎实、饱满，练拳时不慌乱，沉着，这样外在的表现才能从容、安逸，外在的表现和内在的状态相联系。只有内在的精神稳固，才会有外在的从容风范。所以尽管很多文献将上述口诀颠倒为"外示安逸，内固精神"，用户友好型汉英武术词典本着弘扬民族文化的精神，应该坚持太极拳修炼强调"在心理上要先在心、后在身"的权威表达方式，因为"内固精神，外示安逸"的顺序反映出汉民族强调内在修养为先的自我意识，体静安逸是内在精神于外在的显示。同样，"眼无神，拳无魂"的顺序也充分说明了眼睛在练功和交手中的主导地位。

（5-29）眼无神，拳无魂　no vigor in the eyes, no strength in the fist

因此，对武术义项的阐释，除了文化词义外，还应该将词条的各种形式结构和认知特点也纳入视野，这样才能详细具体地传达文化信息，潜移默化地传播汉文化思维。

5.3.2　插图

刘宓庆在《文化翻译论纲》(2006:248)一书中指出图像是文化信息的一个重要表现手段,因为"由语言文字记录人类的复杂的、多层面的、非线性的思维具有很明显的疏略性"。他以中国功夫(太极)的基本招式(图5.1)为例,说明其名称"如果用文字描写,实在难近其意",而用名物加图像,一切尽在"已言"之中。

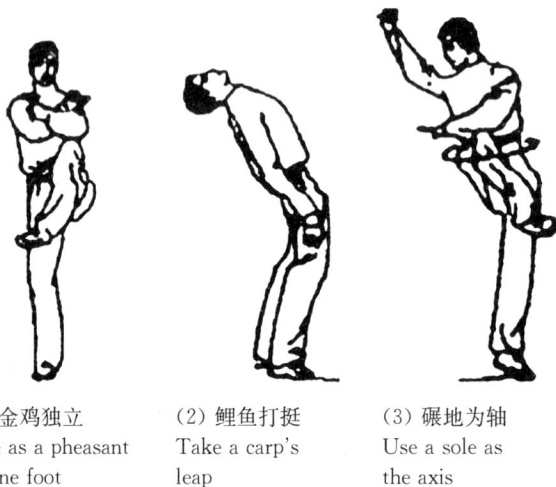

(1) 金鸡独立　　　(2) 鲤鱼打挺　　　(3) 碾地为轴
Pose as a pheasant　Take a carp's　　Use a sole as
on one foot　　　leap　　　　　　the axis

图5.1　中国功夫(太极)的基本招式

刘先生所说的图像是包括各式各样的像、表、图、式等,是一个统称。本书讨论的图像主要是词典用语,为插入到词典中辅助释义之用,所以采用插图一说。作为一种特殊的释义手段,插图(Illustration)包括照片、简笔画、素描、漫画和图表等图示,可以是黑白的,也可以是彩色的。插图在词典中起着不可低估的作用,有时语言文字也难以与之匹敌,"插图可以增加词典的知识性、直观性和趣味性"(黄建华、陈楚祥,1997:88)。小插图大作用,插图使用范围比较广泛,而且能够传达深层次的文化内涵。

武术词条微观释义结构中的插图最好采用简笔画或素描,一来简笔画或素描简洁生动、形象逼真而不花哨,二来占用篇幅不大,不会造成成

本大幅提高,比较经济。比如《汉英英汉武术词典》"乾坤圈"的释义加配图如下(图5.2):

图5.2 乾坤圈

(5-30) 乾坤圈 earth-heaven bladed ring: invented by Meng Zuojun in Yuan Dynasty, having a bracelet-shape and a diameter of about 11 inches

上述"乾坤圈"词条的对应译项、词源、形状、大小的描写,已经非常全面,但是"乾坤圈"对其他文化来说是一个词汇空白词,所以,尽管编者费尽笔墨,释义详细,语言信息仍然比较抽象,用户可能还是一头雾水,一知半解,难以构建"乾坤圈"的具体形象所指。附上插图后,"乾坤圈"形象会跃然纸上,栩栩如生,一切不言自明。有时候,面对文化空白词和文化负载词,词典不管做多少深层次、复杂详细的解释都无济于事,而插图作为语言文本的补充成分,绝不是可有可无的点缀,它不仅可以省去烦琐又难以达意的描述,而且能够使用户一目了然,加深印象。

但是受词典篇幅、版面和插图视觉直观性的限制,能用插图提供文化信息的词目数量有限。汉英武术词典中插图更适用于具体的器械词(如拐突枪、狼牙棒、九节鞭等)、基本技术性状词(如奇拳、掰弓步、鸭拳等)、动作分解词(如浪子踢球、过背花、金丝缠葫芦等)等,而对于抽象意义的词(如阴阳、虚实、喂手等),插图则基本无用武之地。

给词目配置相关的插图一定要服从自足与关联相结合的系统原则,保持合理和平衡的搭配,切忌盲目无章、任意随情,或过于花哨。适当的插图配置,图文并茂,化抽象为形象,能够"见图知义",并提升词典美感,是知识、文化传播和交际需要。插图、文字各有其优点和局限,词典编纂中如若两种方法巧妙配合,则可互为补充,相得益彰。

5.3.3 词源

词源(Etymology)追溯词语演变历史,"展示语言形式和意义的发展变化"(林明金、林大津,2007:74),是用户研究词义文化变迁、洞悉语言所蕴涵文化的重要线索。武术术语,历史悠久,如果缺乏词源信息,不但是一种遗憾,还是一种缺陷。透过武术词源,用户可以了解语言形式的来龙去脉,以及意义的来源和发展变化。所以武术词典设置词源知识,可以加深词典用户对武术词形和词义演变的理解,激发其武术学习兴趣。如下面对"翻子拳"的词源解释:

(5-31) 翻子拳 *Fanzi* Boxing:a style of Chinese boxing which has a long history and originated from the Ming Dynasty(1368 – 1644). It is characterized by its clear,swift,forceful and elastic movement

"翻子拳"起源于明代,历史悠久,是中华武术宝库中的一个优秀拳种,翻子拳快似闪电,密如疾雨,力道勇猛,正所谓"双拳密如雨、脆快一挂鞭"。"翻子拳"如果只是消极释译为"*Fanzi* Boxing",译犹如未译,基本丧失了文化传播的功能。上例词目对应译项后的简明文化释义,源流兼顾,恰如其分地说明了"翻子拳"的历史渊源和拳式特点,使用户不但知其然,而且知其所以然,加深了对"翻子拳"的理解。事实上,现代词典学已将词源看作释义的一环(杨祖希等,1992:239),适当的词源知识有助于词典用户获取武术词目的文化内涵。

中华武术源远流长、博大精深,一部没有词源的汉英武术词典是一部蹩脚的词典,难以起到释疑解惑的权威作用,但是由于词典篇幅的局限,在词典中设置词源内容,通常不作展开,而只取一种简短扼要的形式,阐明一个词或词义的文化变迁。简而言之,词典借助词源阐释,要注意篇幅和版面要求,适可而止,量词典之力而为。

5.3.4 参照

参照系统是词典微观结构不可忽视的一个重要组成部分。义项和插图会受数量、位置和篇幅的限制,而词典内部参照和外部参照结合,不但可以穿越词典的正文,还可以延伸知识,将文化信息以串联方式传达给词典用户,最终呈现给用户一幅系统完整的文化全景图。

汉语词目编排有拼音顺序、笔画顺序、义类顺序,为查检方便,汉英武术词典大多采用拼音顺序,但如此一来,文化上相互关联的词目就被分割到词典不同的区域,无法系统完整地反映武术语言和文化的全貌,不利于发挥词典的知识、交际和文化传播功能。对此,词典内部的参照系统可以适时地弥补这一缺憾。根据特雷尔(J.Trier)的语义场理论,任何语言的词汇在语义上互相联系,共同构成一个完整的词汇体系,某一些词可以在一个共同概念的支配下,组成一个语义场(伍谦光,1988:94—95)。汉英武术词典可以就语义场内某些相互关联的文化负载词使用参照系统,指出插图、附录或相关条目所在的页面,使各层面知识环环相扣,方便用户武术文化信息的对接和转换,减少语言认知的盲点。

以"十八般武艺"为例,汉英武术词典可以提供与本条目相关的所有词目,以照顾同一语义场(Semantic Field)内的各词目的释义和互相补充,如在"十八般武艺"的释义中,要介绍与"十八般武艺"相关的内容,其中"刀""剑""枪"和"钩"等在单独立目时,在释义中可以注明参照"十八般武艺"。又如在"左十字披红""右十字披红""左右左十字披红"词条下设互相参照,或者参照上、下、左、右的插图等。

武术词目的相关性、互文性决定了参照系统的必要性。参照系统在保证释义的前提下以有限的篇幅提供尽可能多的关联文化信息,既展示武术术语词源和语境,又可以体现纵聚合关系的上下义和同义词,对用户系统理解武术文化大有裨益。

5.3.5 小结

文化意义是本民族文化内涵和特质的体现,广泛存在于语言的各个层面。文化信息在汉英武术词典内部结构中互构共生、相互照应。文化等值考量下,多种手段相结合,巧妙构思、图文并茂、形式活泼地融入武术文化的方方面面,有助于全方位、多角度地传达武术文化信息,帮助读者理解掌握武术语言,熟悉武术文化。

汉英武术词典通过义项、插图、词源、参照等立体的、有机的解码结合,使词目释义具有知识、交际和文化传播的功能。词典"不只是单纯地识字解词的工具,更重要的是积累、传承和传输民族文化的密集型载体"(李建国,2011:1)。武术文化与语言息息相关,汉英武术词典蕴含开展国际文化领域竞争的学理素质,不但有助于中华武术的全球输出与推广,更能带动武术文化与思想走向世界,具有武术文化传播的最佳优势。汉英武术词典在文化语境内进行词目翻译释义,可以减少武术语言理解的困难或偏差,为构建民族身份、争取中华民族话语权发挥作用。

5.4　翻　译　策　略

武术涉及内容广博,文化底蕴深厚,宜针对不同分类,采取不同翻译方法。谢应喜在《武术翻译初探》中提出武术文本按照拳名、拳势和拳理三种类别分别采取音译(加注)、直译(加)描述、直译、释义、归化或加注等策略(2008:21)。但是从本书第二章第一节(2.1)和第三章第三节(3.3)可见,武术门派众多,内容浩瀚,上述分类明显太过偏狭,拳法只是武术中的一部分,不可以代表全部。

武术词目翻译在力求等值的同时,损失不可避免,很难达到完全等值。因此,针对不同的对应情况,宜采取不同的翻译策略。尽管对等是"翻译的一个明确目标"(Yallop,2001:241),但是翻译的对等不是绝对的,而是有不同的程度的,如完全对等、部分对等(Meetham & Hudson,1972:713)。根据源语与译语的不同对应关系,本研究将武术词目翻译大致归类为三种对应情况——完全对等、部分对等以及零对等,然后根据汉英武术词典词目翻译的原则——规定和描写相结合的等值原则、自足与关联相结合的系统原则、意义和文化并重的交际原则、尊重源语形式的美学原则,探索武术词目的翻译方法。

5.4.1　完全对等词目的翻译策略

汉英完全对等情况下,翻译的上策是直译。直译要注意用词简洁易懂,武术术语中的拳种、器械以及技术类词目大多可以采用直译法,如:

前滚翻(forward roll)、弓步(bow step)、双刀(double broadswords)、空拳(hollow fist)、剪刀指(scissors finger)、猴拳(Monkey boxing)。

直译法尊重源语形式,能增强译语的可读性和欣赏性。以"扑虎"为例,"扑虎"是地躺拳和对练中常见的跌扑翻滚动作,动作之势如猛虎跃起扑食状,下例比较恰切地呈现了"扑虎"的基本动作和气势。

(5-32)扑虎　pounce like a tiger

但是从功能对等理论看,词目源语与译语的对应翻译,并不意味着功能对等,更不一定是文化对等,所以对于文化内涵丰富的词目,汉英武术词典按照规定和描写相结合的等值原则,采用直译加注的补充方法,以便实现意义自足、文化并重,使词典真正符合"诠释准确到位,理解和使用并重"的交际要求。如:

(5-33)红拳　Hong Boxing: a school of Chinese boxing originated from West China. The name has used since Qing Dynasty(1644 - 1911), which means beauty, luck and excellence. It is characterized by gracefulness in posture, clear and quick rhythm, soft outside but hard inside and ingenious movements

(5-34)并步　fold step: bring legs upright and placing feet together with toes forward

如果能用简洁的目的语字眼准确表达源语的内涵而且不造成信息损失,那么直译是最好的选择。直译尊重源语形式的美学原则,有利于词典发挥知识、交际、文化传播的功能。

5.4.2　部分对等词目的翻译策略

部分对等是指源语与译语的不完全对应关系,包括语言和文化的不完全对等。部分对等的武术词目常采用省略或添加、意译、音义混合的翻译策略。

5.4.2.1　省略或添加

汉语是一种强调模糊美的语言,最高追求境界是"悟"。模糊美前提下,相比其他语言,汉语比较含蓄,很多内容都是"意在不言中",所以对此类部分对等的词目,为了意义自足,最好采用添加策略,在译语中添加译词,将隐含的信息呈现出来。比如:马步(horse-riding step),比起"horse step",添加了"riding"后"马步"表达的信息才能跃然纸上;鹰爪(eagle-claw hand)添了"hand"来说明这是一种手法,意义明确。

但是在不影响理解的前提下,有时候又需要省略,比如"铁帚手"省略"帚",而翻译为"iron palm"。再如:

(5-35)行家一伸手,便知有没有　A master shows ability at the very beginning

(5-36)跳跃双虎尾腿　jump attack with double backward kicks

显而易见,"一伸手""有没有""双虎尾腿"都直接省略不译,部分对等词目翻译的省略法经常伴有意译。

5.4.2.2　意译

意译不是逐字逐句的教条翻译,而是按照文本的大体意义来转换,意译主要用于源语与译语存在较大文化差异的时候。灵活采用意译,会赋予武术术语形象逼真之感,使读者心神顿悟,符合文化与意义并重的交际翻译原则。比如枪术中的"舞花"如果翻译为"flower dance""*wuhua*",会让词典用户很是费解,不能想象"舞花"是一种什么样的招式,而如果意译为"spear whirl",那么"舞花"形象马上鲜活起来,才真正具有意义和文化并重的交际功能。

再看下面两例:

(5-37)一字马步　horizontal horse-riding stance

(5-38)二字马步　parallel horse-riding stance[①]

"一字"和"二字"在英语中没有对应的表述,译文根据动作特征分别转换为"horizontal"和"parallel",清楚表明了地表达了这两个动作的要领。由此可见,意译能简洁、通顺地传达源语意义,但是必须是在吃透原文和熟练掌握目的语的基础上。

部分对等还包括汉英词目字面意义相同,而文化意义相差甚远的情况。比如:

---

① 　参见段平、郑守志(同上),第57页。

（5-39-1）玉女穿梭　jade girl works at shuttles

玉在中国文化中包含"纯洁""温润""细腻""坚韧"之意，象征人的高尚品德，"君子比德于玉焉"（孔子）。"玉女"一般用来比喻"美女"或"仙女"，比如《宣和遗事》前集："到晚后乘龙车凤辇，去三十六宫二十四苑闲游，有多少天仙玉女"，清朝龚自珍《戒将归文》："造亭亭之高宫兮，接玉女于云涯"。但是"jade"在英语中常用来比喻"有奸情的妇女，荡妇"或者"衰老或过度劳累的马"，所以两者的形象完全不对称，"jade girl"丧失了汉语源语的文化信息和美感效应。汉英武术词典要求译者发挥主观能动性和创造性，将源语信息移植到译语中，对此类部分对等的武术词目，可以采用意译方式，比如上例改为：

（5-39-2）玉女穿梭　fair lady works at shuttles

如此，既实现了武术术语的意义对等和文化对等，同时又保留了源语的美感效应。

5.4.2.3　音义混合

音义混合是翻译外来词或者说部分对等词时常常采用的语音和意义兼重的方法。语音模拟，尊重并保留了源语特色，意义转换，符合目的语的表达习惯。音义混合生动形象，方便理解，如：

（5-40）华拳　*Hua* Boxing

（5-41-1）枣阳槊　*Zaoyang* spear

"Hua Boxing"译条可以传达的信息是："华拳"是一种"boxing"，"Hua"是拳种名称，比起直接音译为"Huaquan"，"Hua Boxing"更能揭示词目意义。同理，"枣阳槊"是一种"spear"，"Zaoyang"是这种"spear"的名称。音义混合其实是知识、交际、文化传播的功能要求下归化和异化手段相结合的一种翻译方法。

再如"丹田"，虽然是人类共有的身体部位，但属于英语文化空白词，所以算是一种部分对等。"丹田"曾有人意译为"the pubic region"，不懂武术的人看了译语，根本不知所以然，而如果把"丹田"翻译为"穴位"，然后加上"丹田"的音译，成为"dantian acupoint"就一清二楚了。音义混合是部分对等武术词目最常用的翻译策略之一。

需要注意,部分对等的武术词目在对应译项意义不够自足的情况下,最好加描写性释义。以上面提到的"枣阳槊"和"铁帚手"为例,有了词目对应翻译项后,再加以解释,则意义传达更为准确:

(5-41-2)枣阳槊　*Zaoyang* spear：a kind of spear with a pricked jujube-like iron hammer on the head

(5-42)铁帚手　iron palms：a tehinique with palms suddenly striking the rival's eyes

5.4.3　零对等词目的补偿翻译策略

零对等是指源语与译语词目的文化信息或语言信息完全不对等的情况,这些词目就是文化翻译学上所谓的文化空白词。零对等不是不可译,在汉英武术词典中,零对等词目可以通过各种手段来降低文化缺省信息,努力实现功能对等。

武术术语文化负载词数量众多,文化缺省现象比比皆是,这是武术术语理解和使用的最大障碍,所以研究文化缺省的翻译策略是汉英武术词典的一个必备条件。零对等武术词目的文化缺省主要有四种补偿方法:音译、补偿、淡化和直译。

5.4.3.1　音译

零对等的武术术语民族文化特色鲜明,在目的语中不能找到相匹配的对应概念,翻译无法从语义入手,只能转而采用音译法(transliteration)。音译法是跨文化交际翻译中的最后一个有效的手段,具有不可替代的作用,运用恰当,不仅事半功倍,而且具有其他翻译方法所无法比拟的文化推广力度。不少广为所知的武术术语如"功夫"(Kung Fu)、"太极"(Tai Chi)、"阴"(yin)、"阳"(yang)等都是采用了音译法。但是"不幸的是,汉语到英语的音译不太可能转换意义,因为大部分的英语音节是没意义的"(Jin & Nida, 1984:60),所以,当源语和目的语两种语言间存在着较大的差异时,这种文化空白大都要辅以意义描写的补偿项,也就是描写性对应译词(语),比如:

(5-43)引手　*yin shou*：push the riva's hand to tempt him or her to attack for detection

音译法是武术零对等文化空白词翻译中的一个行之有效的手段,但是却不能不加思索地妄用、滥用,否则势必使传神灵动的武术术语失去韵味,大杀中华武术之风采。比如,"刀术"(broadsword play)、"枪术"(spear play)、"剑术"(sword play)、"棍术"(cudgel play)肯定比音译的"Daoshu""Qiangshu""Jianshu""Gunshu"更能体现武术意义之内涵,文化之魅力。

5.4.3.2　补偿

补偿分为两种,词内补偿和词外补偿。词内补偿是在词目翻译时先给出直译的对应词,随后紧跟着文化负载信息的阐释的方法。词内补偿大多是描写性对应译词(语),比如:

(5-44)**四德**　four techniques in boxing:smoothness,adverseness,harmony and transformation

(5-45)**站桩功**　stance exercise:one of the traditional internal exercises by keeping standing in certain postures

词外补偿采用交互参照、页脚注释或者附录补充等方式,对语义和文化信息添加补充性说明。

(5-46)**外功**　external exercise or works,opposite to internal exercise(内功)

再如,

(5-47)"**十八般武器**"翻译为"18 Legendary Weapons of China",然后脚注上注释说明:There are different versions of 18 Legendary Weapons of China. Generally, it is considered to include the following:knife, spear, sword, halberd, hatchet, tomahawk, hook sword, military fork, tang, stick, spear sword, rod, mace, whip, copper hammer, crutch, meteor, hammer

当然如果页内内容太多,也可以以附录的文化信息形式呈现相应内容。

词内补偿与词外补偿的手段相结合,遵循了汉英武术词典词目释义自足与关联相结合的系统原则。有助于用户系统了解武术知识。

5.4.3.3　淡化

淡化是去掉或者减少影响语言理解,但对意义成分影响不大的文化信息。比如:

(5-48) 金丝缠葫芦　circle the whip around the neck

上例翻译"circle the whip around the neck"删除了"金丝"和"葫芦"的译义,简化为动作的描述性说明,避免了啰嗦的文化比喻意义阐释,以照顾意义为第一原则,实现了词典表意的功能。

(5-49) 祛病延年二十势　Twenty fit-keeping movements: one of the health care exercises by combing Five-animal Exercises, Shaolin internal exercise, Eight Section Exercises and Yijinjing Exercise

"祛病延年二十势"是1958年著名老中医、武术家王子平继承了古代的"五禽戏""易筋经""八段锦"和少林内功等保健体操,并吸取了太极拳与气功疗法的优点而编制的,是健身、防病和治疗某些慢性病的一种有效手段。"Twenty Fit-keeping Movements"对"祛病延年"的翻译采用了弱化的手段,但是不影响大致意义的理解,后面的注释又恰如其分地阐述了其内容构成。

再如"旋子"的翻译,"旋子"是借腰部和臂部甩动惯性使身体旋转的一种武术基本功,类似于体操动作,所以借用体操英语翻译为:

(5-50) 旋子　butterfly spin: rotating one's body horizontally in the air

"旋子"虽然淡化了武术特色,但是实现了意义传达。功能对等不是两种语言文字层面的刻板对应,而是语言理解和使用效果的对等。"butterfly spin"的归化翻译可以满足交际环境下的直接使用,随后的补充释译又保证了"旋子"语言和文化信息的对等传达。

5.4.3.4　直译

直译就是按照字面意义翻译的方法,直译是基于人类文化相通性(Universal Culture)的理解基础上。比如:

(5-51) 动静相宜　Action and inaction influences each other and relates to each other in cause and effect

（5-52）彼不动,己不动,不占人先;彼微动,己先动,不落人后 Don't start a movement if the opponent remains still：never get ahead of him; but when he tends to start, you must take precedence：never fall behind him

直译是文化缺省的武术术语翻译时经常应用的策略,"碾脚"(grind foot)、"活步"(live step)、和"正门"(front of the body)等零对等文化缺省词的直译,有利于汉语文字和中国文化主动走向世界,在世界文化格局中争取更多的话语权。

5.5 结 语

武术词目翻译是要为原语的词或词组在译语中找到对等的或相应的词或词语。词目译释并非简单的词汇转换,会牵涉到许多因素,如字面意义、比喻意义、引申义与文化内涵等,尤其是在流传甚久的武术口诀和成语翻译上。武术汉英词典中的词目的释义要做到面面俱到,实属不易。大多词典往往只是照顾到其中某一个或某几个方面,而难及全面。如果能在遵循规定和描写相结合的等值原则、自足与关联相结合的系统原则、意义和文化并重的交际原则、尊重源语形式的释义原则的前提指导下,兼顾各个方面,发挥汉英武术词典应该具有知识、交际、文化传播的功能,那就是理想的状态。

需要注意的是,武术汉英词典的专业性和双语性还要求加快培养一批水平高、业务能力强、精通汉英两门语言的专业词典编辑,将翻译、学科知识和辞书知识有机结合起来。

第六章　现代信息技术与汉英武术词典编纂

电子计算机、网络等现代信息技术的飞速发展使词典无论在内容、结构还是在功能上都有了很大的变化。20 世纪七八十年代起,国内外词典界开始重视电子计算机、网络信息技术的应用,并积极将现代信息技术引入了词典编纂实践,取得了不菲的成绩。1974 年《牛津高阶英语词典》第三版首次把计算机技术应用到词典编纂实践中。1978 年《朗文当代英语辞典》第一版首创数字标注技术,以明确词典各类语言信息,使词典编纂走向数字化(张相明,2014:11)。现如今,计算机应用在语料筛选、收词立目、词目释义等词典编纂的各个阶段,都有突破性的进展。《牛津英语大词典》甚至在 1989 年出版第二版 20 卷本后,再也没有出过纸质版。从长远看,词典编纂与现代信息技术辅助的结合将是大势所趋。

第三章汉英武术词典用户需求调查发现,67.23％的受访者在武术英译需要查词典时,首选网络词典(如金山、有道、海词等),11％选择掌上电子词典(比如卡西欧、诺亚舟、快译通等)。可见除了网络词典和电子词典的便捷外,现代信息技术的影响力不容小觑。鉴于新媒介词典的广泛欢迎度,汉英武术词典适应时代和用户的变化,以纸质词典为依托,推动新媒介词典的发行势在必行。

6.1　现代信息技术对双语词典编纂的影响

如同兰德(Landau. S)所言,"英语词典史上无重大革新,也无惊人创举"(1984:38),一直以来,人类史上的大部分词典编纂都中规中矩,很难有什么变革。但如今,电子计算机和信息处理技术"给词典学带来了一场革命,无论是承载词典信息的介质,还是词典知识内容的组织方式,都发生了巨大的变化"(黄群英、章宜华,2012:41)。现代信息技术从各个方面影响着词典尤其是双语词典的编纂,下面试从三个部分来分析。

6.1.1 双语词典编纂技术革新

传统的双语词典编纂在一两部蓝本基础上,利用卡片收集、摘抄、整理、积累词典编纂所需语料,所有工作基本靠人工完成,人力物力财力投入大,周期长——"短则五六载,长则十数年甚至更长"(张柏然,1995:2)。最重要的是,词典成书,不仅不便携带和查询,而且资料不便更新补充。以千分之一秒计的计算机处理速度,加快了词典编纂的语料筛选、整理和编排工作,极大缩短了词典编撰周期;而后期,现代信息技术作为辅助手段编纂词典,可以随时更新、调阅资料,实现词典的充分利用,不浪费人力物力和财力,是当前词典编纂的一个重要且有效的手段,可谓词典编纂技术变革的利器。

首先,计算机所具有的海量存贮功能,以秒计的瞬间运算处理能力,用户友好的显示界面,为电子化、信息化双语词典的发展奠定了硬件基础。比如,现代的信息存储技术使词典容量无限增大,一般的芯片电子词典的词汇量可轻易超过二三十万。如果纸质词典拥有同样的词汇量,则会极大地增加其印刷篇幅,无形中提高了词典的经济成本。

其次,计算机自动排版的功能保证了词典条目编排格式统一、结构一致,便于检查以及参照条目设置等。基于电子信息和网络技术的计算机语料具有强大的统计编辑功能,是双语词典微观结构编排的得力助手,比如确定原型词义、义项排序、说明语用文化信息、语体特征以及译义修改等,可谓双语词典持续性发展的良好保障。

再有,从用户角度看,电子化、信息化的词典具有纸质词典所无法相比的存储空间大、检索方便、信息量丰富、更新速度快等特点。计算机、多媒体技术和网络的广泛应用使词典检索方式、释义信息整合、延伸阅读等方面都有了前所未有的变革。

6.1.2　新媒介词典涌现

传统的文本词典以纸张为载体,编纂费时、费力,更新速度慢。现代信息技术为词典编纂带来的一大变化是大量新媒介双语词典的涌现,词典载体从早期的光盘词典,到掌上电子词典,再到在线词典,数字化、电子化词典,这些存储在电子媒体上的语言知识库以传统词典难以想象的惊人速度不断更新、完善,满足了用户各个方面的需要。

盘类词典:以光电磁介质的光盘、磁盘等为载体,需要借助计算机设备进行查询和阅读的工具书。盘类词典是最早的计算机辅助词典形式。最初,由于盘类词典的计算机设备依赖性,而个人计算机(PC)当时还没有普及,之后,个人计算机虽然普及,但是光盘、磁盘携带不便等各种原因,盘类词典并没有拥有广泛的普通用户。

掌上电子词典:以微型芯片为载体,借助微型处理器及相关设备进行查检的便携式工具书。掌上电子词典主要功能有屏幕取词、词典查询、用户词典、真人发音、同步发音等功能,是人们日常工作和学习的得力助手。常见品牌有步步高、文曲星、卡西欧、诺亚舟、快译通、好易通等。

桌面词典:以计算机为载体,以计算机桌面为工作平台,并可借助计算机查询和阅读的词典。随着计算机的普及,机器翻译研究的不断深入,不同品牌、不同版本的桌面词典研发和使用进入活跃期。现在通行的主要有金山(Kingsoft)、有道(Youdao)、QQ 词典、灵格斯词霸(Lingoes)等,金山词霸平均不到一年即推出一种新的版本,其间不断增加新功能。桌面词典简明易用,支持屏幕划词、取词、剪贴板、索引提示、模糊查询和单词发音(或全文朗读)等功能,包含专业词典、百科全书、例句搜索和网络释义内容,有些词典,比如灵格斯支持全球超过 80 多个国家语言的词典查询和全文翻译,并提供海量词库免费下载。

在线词典:软件公司推出的面向个人计算机的免费词典、翻译软件。依靠日益强大的互联网技术,在线词典给用户带来了更强的功能,更优的交互体验。在线词典国外的如韦氏在线词典(http://www.m-w.com),牛津在线词典(http://www.oed.com),巴比伦在线词典(http://

Babylon.com)，国内如海词（Dict）、必应（Bing）、爱词霸（Iciba）、有道（Youdao）等作为新一代的词典与文本翻译专家，从其诞生之日起，就受到广大用户的欢迎。在线词典检索入口多、信息量更大、查询更便捷，还可以直接复制与打印，最重要的是，在线词典依托语料库技术，实现了语境和语词翻译的对应性，用户根据检索条目的使用语境，从搜索即得的信息中，检索更准确的对等译项。“因特网媒介克服了纸质媒介在篇幅上、信息组织方式上和检索方式上的局限性，其篇幅的无限性、‘信息金字塔’式的信息构建方式和便捷的鼠标点击检索方式为词典编纂应对商业化挑战提供了新契机”（陆谷孙、王馥芳，2011：98），必将成为现代数字化词典发展的大趋势。

新载体不断涌现，取代旧载体，成为当代词典的主流媒介。当今有些词典甚至已经走向多终端、多操作系统，比如朗文词典推出了光盘词典、电脑词典、在线词典和智能手机词典等终端服务，而且“在同一终端内还推出跨操作系统版本：朗文光盘词典在 PC 终端内既有 Windows PC 版，也有苹果 Mac OS X 版；朗文智能手机词典既有 Windows Phone 版、也有 Android 和 IOS 版”（戴远君、徐海，2014：2）。此外，Linguee 整合了在线字典与搜索引擎的功能，提供庞大且完整的现成翻译资料。以 http://cn.linguee.com/的“气功”词目为例，见下图：

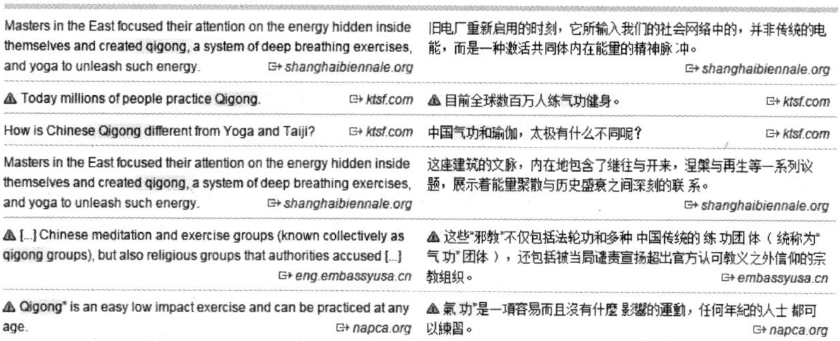

Masters in the East focused their attention on the energy hidden inside themselves and created qigong, a system of deep breathing exercises, and yoga to unleash such energy. ⇒ shanghaibiennale.org	旧电厂重新启用的时刻，它所输入我们的社会网络中的，并非传统的电能，而是一种激活共同体内在能量的精神脉冲。 ⇒ shanghaibiennale.org
⚠ Today millions of people practice Qigong. ⇒ ktsf.com	⚠ 目前全球数百万人练气功健身。 ⇒ ktsf.com
How is Chinese Qigong different from Yoga and Taiji? ⇒ ktsf.com	中国气功和瑜伽，太极有什么不同呢？ ⇒ ktsf.com
Masters in the East focused their attention on the energy hidden inside themselves and created qigong, a system of deep breathing exercises, and yoga to unleash such energy. ⇒ shanghaibiennale.org	这座建筑的文脉，内在地包含了继往与开来，涅槃与再生等一系列议题，展示着能量聚散与历史盛衰之间深刻的联 系。 ⇒ shanghaibiennale.org
⚠ [...] Chinese meditation and exercise groups (known collectively as qigong groups), but also religious groups that authorities accused [...] ⇒ eng.embassyusa.cn	⚠ 这些"邪教"不仅包括法轮功和多种 中国传统的 练 功团 体（ 统称为"气 功"团体 ），还包括被当局谴责宣扬超出官方认可教义之外信仰的宗教组织。 ⇒ embassyusa.cn
⚠ Qigong" is an easy low impact exercise and can be practiced at any age. ⇒ napca.org	⚠ 氣 功"是一項容易而且沒有什麼 影響的運動，任何年紀的人士 都可以練習。 ⇒ napca.org

图 6.1　Linguee 的“气功”翻译

Linguee 网页的搜索结果分为左右两部分。左边是以例句形式出现的词目的翻译列表，右边是选自网络的双语互译例句，其中所有的例句都是有上下文的完整句子或者段落,目的是帮助用户全面了解该词目的意义、语境及用法。用户不仅可以查询普通词目,还可以查询专业术语、句子或者短语形式的词目。

6.1.3　释义方式多样化

信息化数字化词典属于综合性字典,他们整合语言字典、百科词典等多部词典的内容,将文字、图画、声像等融为一体,发挥创意,丰富释义内涵,强化词典的延伸功能,增添趣味性,具备了以往文本字典所不具备的一些功能和优点。新媒介词典的功能强大,主要借助图解、超链接等实现释义方式的多样化。

图解具有其他释义方式所无法比拟的优势,从文字到图解(visual/picture)的释义变化解决了部分文化空白词缺乏对应译项的瓶颈问题,并且有助于语义场内词语知识系统化、网络化,以图 6.2 的球类运动(sports with balls)图解释义为例:包括篮球、足球、排球、手球、羽毛球、网球、高尔夫球、棒球、台球、保龄球等的球类运动从一张图片就一目了然,可以一窥每种球的特色,比如球体、设备、服装、技术动作等。

超级链接作为现代计算机技术和网络技术的产物,也是新媒介词典释义的一个得力助手。从超级链接的位置看,它只是某个网页内部一个点的信息,但是本质上,超级链接把这个点的信息关联到同一网页的其他点或者不同网页、不同网站的相关内容,使这一个点的知识信息无限延伸。这种关联可以是一段独立的文字、或者一个视频,一幅图片、甚至是一本参考书。以上图的球类运动为例,添加超级链接可以改变传统插图或图解释义的平面形式,而赋予图解以立体、三维、甚至动态的形式。比如用鼠标点击超级链接的文字"basketball",链接指向的目标,可能包括下义词(规则、场地等),也可能是从运球到进球的篮球动态图,甚至可能是一段视频解说,将显示在电脑浏览器上。然后,用户可以根据目标类型来运行或打开链接的内容。超级链接运用到双语词典的释义中符合自足与关联相结合的系统原则、将大大提高词条的可读性、知识性和词典系统性。

图 6.2　球类运动(sports with balls)示意图

运用多媒体技术实现声像结合、运用超级链接整合释义内容的双语词典将具有事半功倍的作用,更为生动直观,有助于化解词典中难认、难解、难以系统等学习障碍。

6.2　现代信息技术对汉英武术词典编纂的要求

6.2.1　研编新媒介汉英武术词典

随着计算机技术和互联网的发展,克服语言障碍、实现即时跨语言沟通的需求日益凸显,这就促生了各类数字化与电子化词典的诞生。21世纪以来,以金山词霸、海词等为代表的在线词典成了发展的主流。

上述汉英武术词典用户需求调查表明,相当数量(67.23%＋11.02%)的受访者在武术英译时,首选在线词典(金山、有道、海词等)和电子词典(卡西欧、诺亚舟、快译通等),信息时代,用户更偏爱新媒介词典。各类新媒介词典从问世以来迅速发展并在学生群体中显示了强大的生命力。学生群体,通常是新生事物的首批体验者和积极倡导者。所以,为满足新时期用户需求,推动武术国际传播,新媒介汉英武术词典的研究发行势在必行。

借助新媒介,汉英武术词典可以很容易实现容量大幅扩容,从一万到几万到几十万甚至上百万词条,而且词条限制性小,可以兼容器械、功法等术语、歌诀、文化要义,还可以利用超级链接帮助用户延伸阅读。此外,相比较于传统词典 5 到 10 年的修订更新周期,新媒介词典具有很大的一个优势是"可以自由扩充词库,或从互联网上生产商的网站上下载词库,对词典进行自动更新"(姚喜明、刘森林,2003:17)。译无止境,如此,汉英武术词典可以保持开放性建设,随时更新更佳译语,或者加入新词新句,以实现词库更新。另外可以利用强大的网络功能,实现模糊查询、提供拼写建议,优化界面等。新媒介武术词典大容量、方便更新、友好界面等优势有利于履行汉英武术词典知识、交际、文化传播的功能。

随着个人计算机的普及和现代信息技术的发展,成本降低,系统改进,容量增大,在线词典必将成为新媒介词典的发展方向。汉英武术词典如果脱离互联网,脱离大数据,脱离用户需求和反馈,不会为市场所接受,也不为用户所关注,而最终被束之高阁。因此,汉英武术词典要有所作为,就得与互联网联袂前行,关注在线词典的发展动向,吸收同类在线词典的发展成果,编纂和出版符合用户需求的汉英武术词典。

6.2.2 研究汉英武术词典释义信息多模态呈现方式

"传统的文本词典是以纸张为载体的,蝇头小字黑压压一片,仅用排版形式、字体和元语言符号来区别词条中的义项和各类释义,查阅十分不便"(章宜华、黄建华,1996:67)。打破传统词典释义模式,新媒介汉英武术词典可以利用计算机和多媒体声像技术以及网络超级链接等将发音、拼写、对等词、释译、插图、参照、延伸阅读等要素有机地结合起来,开发释义信息的多模态呈现模式,以满足词典用户的要求。

丰富多彩的插图能提升汉英武术词典用户的喜爱度和客户忠诚度,增加多媒体功能后的插图可以升级为动态图,甚至小段视频,以此来展示器械、演示动作,无疑更为直观形象,有助于词目解析。目前的纸质汉英武术词典大多没有插图,这可能是成本等方面的考虑。但是从电子化、数字化新载体词典的角度来看,成本不会如纸质词典大幅上扬,结合现代技术的插图应逐步应用于新载体词典之中。

除了词典微观结构释义界面的内容外,汉英武术词典还可以利用网络的超级链接功能设置知识的扩展系统。超链接的对象包括静态图、动态图、或者说明文字等。插入超链接后,鼠标指向词目词时,词目词显示汉字书写笔画,以剖析字形阐述字义,将看似枯燥的汉字活化成生动的表意画面,再现民族语言文化;指向语音和释义时,即时模拟真人发音并朗读;指向插图,动作演示;指向参照,链接到词条相关扩展知识。正所谓"一叶之灵,窥尽全秋"(三毛)。比如,当你查"玉女穿梭"这一动作名称时,你不但能了解每个字的写法和拼法、读法,还能欣赏到这个动作的真人或动漫演示,也许还可以伴有一小段应景的美妙乐曲,而且也许还能延伸阅读到太极拳其他相关招式,如"野马分鬃""搂膝拗步""手挥琵琶"等。汉英武术词典可以充分利用超链接关联词目释义的各种信息,以实现词典知识、交际、文化传播的功能。

汉英武术词典要想成为方便用户检索、理解和应用的语言信息库,必须突破千年陈规,融汇现代信息技术和计算机技术,以多元方式呈现语言和文化信息。

6.2.3　完善汉英武术词典结构编排

信息技术和个人电脑的普及和广泛应用也推动着对词典结构编排的研究。极具民族文化特色的武术跨语言传播历来棘手之极,新技术背景下,汉英武术词典作为武术传播的主要载体,其框架结构的搭建显得尤为重要。

汉英武术词典要成为名副其实的中外武术沟通桥梁,在结构编排上,必须要迎合现代信息技术的挑战和要求。首先,在词目编排上,除了传统词典的音序(汉语拼音、威妥玛拼音)、形序(汉字部首、汉字笔画)、义序(分类)外,新媒介汉英武术词典还能提供按学科、类别的排序方式,还可以按照词频统计数据提供词频排序或者帮助取舍词目和排列义项。基于信息技术的词目编排,可以确保与武术语言文化息息相关的、对武术描述不可或缺的专业领域术语尽数收列,而且,在增补、重修或再版时,不仅节省人力物力和财力,更重要的是为词典用户的系统理解和查询提供了极大的便利。比如按类依序排列,每页将属于同类的词目罗列在一起,以构成意义上关联的模块,或者按照音序排列打乱词目的天然联系,但是通过相互参照又把各类词目关联起来,使词典具有系统性、科学性、层次性的结构特征,有助于词典用户加深理解,触类旁通。音序类序相结合的复合排序好处在于,即使不知道或者忘了某些术语,仍能在字典相关内容部分找到或看到,而且提供了比较和选择的方便,这是汉英武术词典自足与关联相结合的系统原则在结构层次的体现。

在现代信息技术基础上,在线词典、掌上电子词典可以采用多视窗或者多链接操作系统,很方便地打造用户友好型界面窗口。根据汉英武术词典用户友好型界面窗口,主视窗用于查询、检索和浏览武术词条,查询显示窗内设有读音、视频、图解以及技击动作和器械欣赏等的图示按钮,必要时,也会列出文化阐释、相互参照或扩展阅读等内容,使词条信息从最抽象至最具体依次呈现。而且,主视窗可以利用模糊查询,每当键入一字/词,浏览窗便显示出多个词目供选择,以帮助记忆不清或者词目不熟悉的用户,确认要检索的词目。然后用户用鼠标从多个备选词目中单击自己选定的词目,即可得到查询结果。此外,界面窗口可以根据内容需要,采用平面结构、立体结构或者平面结构和立体结构相结合的综合结构形式。总之,新媒介词典的界面视窗充分考虑到各层次目标读者的认知需要,融合了词典的处理、查阅功能和知识功能,符合汉英武术词典系统性、科学性、层次性的结构特征。

再有,基于现代信息技术的汉英武术词典的结构编排还体现在多样化的检索方式上。除了最简单最传统的检索方式——输入要查阅的词目,找到相关解释,新媒介汉英武术词典还提供更多的检索入口,整合词形检索、音序检索、意义检索等方式的优势,以方便词典用户根据自己的偏好或使用语境介入词典而获得信息。对于汉英武术词典来说,语义场、同义词、顺义词、反义词或者附录中的各种信息,比如"十八般武器""功夫类别""武学大师"等都可以设置检索入口。而且汉英武术词典还可以设置语音输入的功能——用户不需要手动输入,只要打开语音功能就可以实现语音输入所要查询的词目,大大方便了词典用户。

新媒介词典利用现代信息技术进行结构编排，能提升词典用户获取信息的速度、广度和深度，履行词典服务用户的责任。

6.3　语料库在汉英武术词典编纂中的作用

计算机技术的发展，引发了词典界的革命，为汉英武术词典的编纂开辟了崭新的途径。计算机介入词典编纂的途径一般有文字编辑、检索和统计、语料库、复核与查错、排版印刷等。"从目前词典编纂和计算机技术所取得的成就来看，在语料库建设方面计算机的作用尤为突出"（陆谷孙，1998：43）。

语料库（corpus）是指"按照一定的语言学原则，运用随机抽样方法，收集自然出现的连续的语言，运用文本或话语片段而建成的具有一定容量的大型电子文本库"（杨惠中，2002：333）。语料库最大的用途就是词典编纂（lexicography）（李赛红，2002：312）。最早基于计算机技术的布朗语料库（Brown Corpus）在 1967 年面世，自 80 年代开始，语料库语言学迅猛发展，空前繁荣。如今，"用于双语词典编纂的语料来源应该有以下三个方面：引文卡、蓝本、语料库，三者缺一不可"（李明，2003：105）。曾东京也指出"语料库和计算机编纂是衡量词典编纂现代化的两个重要标准。语料库的建成与计算机接入词典编纂全过程大大改进了编纂工艺，缩短编纂时间，突破传统（蓝本）的束缚，提高修订的效率，从而为注重与第一手资料及为独立研编提供坚实的基础"（2003：14）。现代语料库技术对双语词典编纂的影响重大，计算机语料库的应用将推动双语词典编纂和翻译的科学、规范、统一。

计算机和语料库的飞速发展给汉英武术词典的编纂带来了新的挑战和机遇，汉英武术词典的编译不可避免会采用这一现代化手段。基于语料库的词典编纂能够有效地解决汉英武术词典发展的一些瓶颈问题，诸如决定词汇的自然意义、统计词频、利用词频编制词目表、界定原型义和上下义、义项的科学排列、纠正释义的片面性等，以下试选取词目收录、词目释译和用户友好三个侧面详细探讨计算机语料库对于汉英武术词典编译的作用。

6.3.1 收词立目

王毅成(2002:63)指出双语专科词典在选词立目上常存在着两大问题，一是超范围收词，大量收录与专科限定范围关系不大甚至没有关系的词语，毫无意义地增大了词典篇幅，使词典严重走样，造成"专科词典不专"；二是收词不足，不能科学、系统地收录学科范围内的专业词语，结果在词典中查不到该收全收齐的某些常用专业词汇，不符合专科词典的要求。章宜华也认为，在词典的编写过程中，"用传统的方法很难确定词目词的选择范围，往往是顾此失彼，收词难以系统、全面"(2004:134)。

衡量一部专业双语词典质量优劣的标准，重要的一条依据是看词典编纂是否基于足量的双语语言材料。长期以来，汉英武术词典收词立目基本无规则可言，有的参考汉语词典，有的参考几部武术典籍，这使得汉英武术词典的前期收录过程异常艰辛繁杂，收词不够丰富、立目不够科学。今非昔比，因特网的出现以及网页文本定位、提取、统计和处理等软件的开发给语料库带来的技术性变革使词典编纂人员以较少的时间和精力投资获取数目可观的语料。

从 20 世纪 80 年代至今，《中国功夫》《太极拳》《黑带》等英语杂志，李小龙、杨俊敏、邱丕相和朱为模、詹姆斯·德鲁、安格斯·克拉克、保罗·恩格(Paul Eng)、威拉德·兰姆等国内外武学专家的武术英语作品，以及词典、百科全书、手册、教科书、科技论文、专题报告等为建立汉英武术平行语料库提供了丰富的语言材料。语料库技术使编者不再凭借单本或少量几本参考书搜集第一手资料，更使编者不需要广泛阅读就能迅速借助语料库，从中筛选合适的资料，分析、归类，使之成为武术学科领域的可用语料。有了语料库和计算机的辅助，一个词目的确立仅需短短几秒钟就能完成。重视语料库的建设和利用，可以在收词立目方面避免低层次重复，最大程度地实现资源优化、节约词典空间。这种简约高效的检索对于种类繁多，招数各异的武术术语归类整理实在是大有裨益。而且借助武术双语语料库，汉英武术词典的某些缺陷可以得到克服改善。比如武术口诀、功法等"语言中有些较大的语言单位在词典中是查不到的，但在平行语料库中检索就非常便利"(于海江,2006:113)。

　　毋庸置疑,现代社会的变化以及跨学科研究的发展使得普通词汇与专业词汇的难以辨别。但是借助语料库,词典编辑可以获取可靠的语言信息,避免经验主义的收词立目。比如,通过语料库检索,汉英武术编者可以轻松判断某个词的使用频率和语境,从而确定核心词目。同样,对于汉英武术词典非常重要的一点是,除了武术术语口诀等学科知识外,是否应该尽可能多地收容所有和武术相关的词目?这种相关性应该以什么标准判断?从词典专业性、科学性角度看,应该排除部分弱支配关系的用词。但实践中,有些词的强/弱相关性很有争议,此时,语料库研究可以有效地解决这一争议和彷徨,通过语料统计搭配关系决定是否应列入词典的收词范围内。比如,在CCL语料库中输入"办公室"一词,前100条中没有任何一条与武术相关,所以汉英武术词典除非是有特定栏目需要,否则不应该收录这一百科词;但是输入"队列",前100条中就有四条和武术密切相关的语料——拳术、格斗、操枪、舞龙等,所以,"队列"可以在大型汉英武术词典的收词范围中。

　　汉英武术词典具有知识、交际、文化传播的功能特征,知识性是交际、文化传播功能的基础,也是专科词典的立足之本。因此,汉英武术词典的理想做法是建立武术语料库,输入可以获取的、经过科学系统甄选的各式语料,然后统计整理,再根据词语的使用频率确定收词范围着重收录使用频率高的武术术语以及武术文化负载词,再适当增加一些次常用的词语。总之,汉英武术词典的收词范畴应该是能保证武术领域内进行积极言语交际的常用词。

6.3.2　词目释义

　　在释义方面,武术界耳熟能详,甚至连普通老百姓都朗朗上口的武术词语,在我国体育权威期刊、词典工具书、电影电视媒体,乃至因特网中却长期被误译,以至在当前公开出版的纸质和电子书刊中,寻找相应正确的译文绝非易事。

　　词目翻译是汉英武术词典的核心内容和关键环节,词典是否具有知识、交际、文化传播功能的决定因素是词目翻译质量。传统的双语术语释译方法囿于客观条件，往往具有主观性、不完全性、趋同性，这在一定程度上制约了词典的客观准确性、科学真实性。钱厚生指出，词典编纂是"一个深入研究词诸多层面、展示各种语言信息的过程……必须以丰富、详实的语言材料为基础"（2002：59）。语料库是"现有的词汇资源，从中可以提取准确、相关的词汇信息"（Ooi，1998：71）。大量计算机语料库可以提供真实的语境、可靠的语义参考和生动的文化信息，并增加译义的信息量、准确度。有鉴于此，在汉英武术词典编纂中应用语料库、引入语料库分析是非常必要的。

汉英武术词典的释义存在错误的主要原因是词典编辑要么英语不够精，要么对某些专业术语不够熟悉。作为特殊的文化负载词，武术术语经常会有多个相对应的译文，词典编者采用的版本也不尽相同，且常不够地道、准确，有时候甚至只是冗长的解释。利用语料库配备的相应软件，对比众多良莠不齐版本的翻译，经过反复推敲，严格论证，从而做出选择，比起单纯以几本词典、纸制、电子资料为蓝本的内省式（introspection）词典编辑，更为客观、实用。比如"舞花手"在不同的双语词典、双语教材或者国际交流文献中曾经出现过下列翻译版本：

（6-1）wave circle with hands

dancing flower hands

flower-dancing hands

"舞花手"本义是什么？哪部词典、哪本书包含"舞花手"的翻译？哪种翻译最传达原文意义？符合目的语用户的认知习惯？如果所有这些问题的解决单靠人工解决，需要很大的精力和较长时间的翻阅。尤其是当编者发现《新华字典》《汉语大辞典》、在线汉典等大中型汉语字典、词典，连同北京大学中国语言学研究中心的 CCL 语料库都没有收录"舞花手"或者"舞花"之时，更要费尽周折。但是有了大型语料库的帮助，这些问题往往都能迎刃而解，而且效率大大提高。内省式编纂方法不但主观、费时、耗神，还难免受限于编者本身的知识、记忆、经验、偏好，难以客观地呈现真实语言。而借助语料库数据的分析，武术双语词典编纂者迅速高效地整理归纳前人的成果，集众家之长，对比分析足够的语料，从而做出最佳决断。

　　武术词目释义如果不加选择地抄录前人成果，词典肯定会落后于语言实际。语料库资源真实、完备和详尽，语料库素材作为词目翻译的依据具有客观性和时代性，基于语料库的词频统计能客观反映武术术语的用法和使用情况。以"气功"一词的翻译为例，将常见的三种翻译"qigong""qi gong""breathing exercise"输入英汉双语平行语料库（http://www.luweixmu.com/ec-corpus/query.asp），发现没有"qi gong"的说法，"qigong"有四条，"breathing exercise"有一条，但是是对"qigong"的补充说明，见下：

　　（6-2）*Early in the morning, old people can be found performing disco, qigong（a system of deep breathing exercises）and other exercises in gardens and parks*

　　清晨，在花园和公园里跳迪斯科、练气功（进行深呼吸运动的方法）以及做其他运动的老年人随处可见。

　　所以，"气功"释义应该排除掉"qi gong"，以"qigong"为核心义作为插入性对应译词，而以"breathing exercise"为补充描述义。基于语料库的武术汉英词典不仅可确保收词全面、实用，更是武术语言文化信息译释贴切准确的保障。但是，需要注意的是，专业语料库才是理想的专科词典资源，因为普通料库中专业术语的词频过低，术语词频收录不足，无法在大量语料的基础上进行分析，词条编纂的质量难以保证。有些词目，既有普通意义又有专业意义，比如"四德""红方""五行"等，在普通语料库中，专业词义很容易湮没在浩瀚的语料库中。以业界常用的"武术"一词为例，以普通用户身份登录上述英汉双语平行语料库只检索到三条语料，且专业性不强：

　　（6-3）martial arts　武术

　　（6-4）She is expert at Chinese boxing　她的武术练到家了

　　（6-5）It lays its focus on some key factors which exert significant influences on the development of Martial arts and Tae Kwon Do, namely the economc foundation, the scientific development strategy, the proper development opportunities，high vale of government 重点分析了经济基础、科学发展策略、良好发展时机、政府高度重视等因素在武术与跆拳道发展中的重要作用

随着计算机技术的进展,武术双语语料库的建设势在必行。以语料库为技术支撑的武术汉英词典编纂将更具用户友好特色,词目释义更准确深入,以满足用户交际和翻译等实际需要。

6.3.3 用户友好

用户友好是指词典编纂以用户为中心,考虑读者实际需求、方便用户。词典本质上是为用户释义解惑的工具,所以词典编纂是否考虑用户需求是评判词典质量的一个重要因素。八九十年代飞速发展的计算机技术和语料库研究带来了词典编纂的革命,这在很大程度上是因为语料库研究更偏重以用户为导向,兼顾用户的理解和产出需求。

基于语料库的用户友好原则,关注用户需要,在汉英武术词典的形式和内容(宏观和微观结构)的各个方面都有丰富的体现。

首先,武术种类繁多,刀枪剑、拳脚手等各种技法、技巧令人眼花缭乱,要掌握如此之多的词汇是不可能的、也是没有必要的。但是究竟哪些是核心词汇? 哪些是决定武术交流的基础知识? 在没有语料库参与的情况下,所有的判断都是主观而随意的,不具有说服力。但是有了语料库的帮助,词典编辑可以有效地利用来自杂志、图书、报纸、谈话、书信以及广播、电视等途径的客观语料,审慎求证,以确保词典收词立目的客观性和词目释义的权威性。利用计算机存储和提取的核心词汇自然、真实,更具权威性。提取核心词汇后,利用语料库技术,汉英武术词典可以轻松地通过文内或文外的参照等方式突出核心词汇,使用户能够充分重视这些基本的词汇;还可以分类处理——着力阐释核心词汇,简要处理边缘和百科术语类的非常用专业用词。如此一来,词典既能为用户提供掌握和应用武术术语的详细信息,同时又能为收录提供更多的词目腾出空间,节省了词典用户的经济开支。

其次,基于语料库编纂的释译能够更好地反映语言的实际使用情况,为用户提供更准确、实用的信息。汉英武术词典编纂采取语料分析

方法可以纠正谬误、更新义项、补充疏漏、添加新词、删除生僻和废弃语以及缺少稳定性的术语,排除编纂者的主观性和随意性。语料库对武术词目释义的选择、深化、扩展和创新,对于用户语言输出具有直接借鉴意义。基于语料库的词典建设与传统的词典编纂的最大区别在于语料库通过关联模式使学科词汇互相联结,凸显词汇的语义、语体、语用特征,为用户查阅和理解提供最大程度的便利。这种以用户为中心的考量,对于学科性强的武术词典意义尤甚。

而且,根据计算机技术和语料库编写的汉英武术词典可以同时建设武术动态语料库,监控了解武术语言的使用和变化,随时增加或删减武术术语词目,以光盘形式或者修订版呈现,更新丰富词典内容,与时俱进,满足中外用户需求,保持词典生命力。

再有,语料库对文化信息的处理也体现用户至上的服务意识。不同的思考方式产生不同的语言表达习惯,大量带有上下文的语料,把语言和文化关联起来,使用户从真实语境中能领略文化背景知识,跨越与语言相伴而来的文化障碍。

总之,利用语料库统计和编纂的科学方法从语言实际出发,切合用户的查询和认知需要,体现着用户友好的精神,有利于发挥汉英武术词典的知识、交际和传播功能。

6.3.4　小结

从收词立目、到词目释义、再到用户友好原则,语料库技术是解决汉英武术词典编纂瓶颈问题的一个良好出路。建立汉英武术语料库,对武术语言材料进行收集、甄选、分类和处理,以保证各项信息互相联结而无漏失,从而使词典知识编排具有系统性、科学性、层次性的结构特征,真正赋予汉英武术词典之用户友好功能。武术语料库亟待有识之士参与开发、利用,以利生成系列用户友好型武术汉英词典,传播武术文化。

时至今日,在词典的编纂及修订中使用语料库的必要,已经不是一个理论问题,而是一个实践问题。语料库统计在双语词典编译中展示出无穷生机和活力,也必将是汉英武术词典编纂不可或缺的帮手。而且,因为各类武术汉英工具书中存在太多漏洞或备受指责之处,语料库用于汉英武术词典的编纂或修订才倍显重要和急迫。我国科学技术的发展，经济的增长、计算机的应用和因特网的普及，已使各种语料库的建立具备可能性。在计算机、扫描仪、信息技术和大容量储存技术的支持下，个人或单位自行收集、甄选语言素材，创建一个特定学科的专业语料库，已颇具可行性。

第七章　结　　语

据说在中国东部生长着一种竹子叫毛竹,种植后,不论如何细心照顾,毛竹4年也只不过长3厘米,那些不懂其生长规律的人,一般都会将其砍掉。但是5年后,竹子会突然发力,以每天足足30厘米的惊人速度节节拔高,6周就可以长到15米。6周,从停滞不前到急速成长,看起来不可思议的变化,是因为之前的4年,毛竹将根深深扎在土壤中,而且绵延数百平方米,为日后获取足够的营养和水分打下坚实的基础。词典工作者就像毛竹,即使拼了命去努力也看不到成果或者即使不被人明白也要坚持到底,有了这种耐心扎根、脚踏实地的精神,词典编纂才能达到遥不可及的巅峰。

在急功近利、恨不能揠苗助长的时期,等待一棵毛竹缓缓成"竹"需要极大的耐心和勇气。这就像双语词典的编纂,它不仅是一项需要耗时数年、殚精竭虑的工作,更考验编者能否耐住寂寞,埋首于蝇头小字、字斟句酌、甘之如饴。毋庸讳言,编纂一部优秀的辞典实属不易,何况武术专业的翻译词典。所以说,白璧微瑕,瑕不掩瑜,任何一部武术双语词典都是编者呕心沥血的结晶,本书的分析意在为汉英武术词典编纂实践和学理探讨,提供借鉴,而毫无指责苛求文中所涉任何一部词典之意。但刍荛之言,难免有失偏颇,尚请方家贤哲批评包涵。

7.1　研究结果概述

汉英武术词典编纂研究是汉英武术词典编纂实践的需要,也是汉英武术词典用户群和市场发展的需要,没有科学系统理论指导的汉英武术词典编纂实践大都会有局限。

是故希冀延续先前武术翻译和双语武术词典学之传统、呼应现代社会科学之隆兴、折射用户之需求,本研究首先调查了汉英武术词典用户需求,分析了三部汉英武术词典的得失,然后吸收借鉴现代语言学、词典学和翻译学的发展成果,探讨了汉英武术词典编纂的整体架构,指出汉英武术词典必需具备知识功能、交际功能、文化传播功能,以及系统性、科学性、层次性的结构特征,并在词目翻译中遵循规定和描写相结合的等值原则、自足与关联相结合的系统原则、意义和文化并重的交际原则、尊重源语形式的美学原则。

根据此框架理论,本研究一者,就汉英武术词典的结构指出:

在宏观结构上,词典编纂将用户的心理和认知规律纳入考虑范围,使词典的内容编排符合用户的认知规律和查询习惯,方便用户检索学习,有利于汉英武术词典发挥知识功能。篇幅、立目、版式和多维检索所构成的有机整体,其辖域由大到小,层次清晰,系统且全面地反映了汉英武术词典的结构要求。

在微观结构上,汉英武术词典通过汉语正字、汉语拼音、对应译词(插入性、描述性)、插图、加注等多重便利、独具匠心的词条编码信息,凸显了系统性、科学性、层次性的结构特点,不仅弥补了词典汉语词目和英语译文简单对译的不足,全方位、多角度、清晰、准确地传达了词目信息,而且满足了不同语言词典用户的解码需求,有利于发挥汉英武术词典知识、交际、文化传播的功能。

在文化信息输入上,汉英武术词典充分考虑用户理解和使用语言的实际需要,独具匠心地驾驭各种文化信息渗透输入方式,通过宏观结构的收词立目、附录、版式和装帧等多维立体的文化设置体系,为词典输入文化信息铺设了便捷的路径,帮助词典用户扫清文化障碍,扩大武术视野,充分发挥双语词典的文化传播功能。

二者,就汉英武术词典的词目翻译指出:

从功能对等看,汉英武术词典词目功能对等翻译主要体现在意义、文体和文化三个方面。翻译过程中,要尽力贴合原语语义,遵循意义第一的原则。文体对等主要涉及语音、修辞、意境等形式方面,和美学因素相关。意义和形式相得益彰,方为武术翻译之终极追求。文化对等是武术词目对等翻译的另一个重要方面,只有文化对等才能体现武术文化之魅力和语言之内涵。在语言文化差异背景下,意义、文体和文化兼顾的理想翻译很难实现,此时,译者只有牺牲形式对等,通过意译、转译、省略、阐释、补偿等手段再现原文意义和文化。语义对等、文体对等和文化对等不是互相矛盾的,而是互相补充的,能兼顾各方当然是最佳选择,但是很多时候需要择其善者而从之。

从美感对等看,虽然武术翻译审美主体会受制于审美客体的原语形式美,原语非形式美,以及双语的文化差异等层面,但是发挥译者的主观能动性和创造性,灵活采用模拟、补偿、替代、音译、转换、略译等翻译方法可以发挥译者审美潜质,尽最大可能地突破可译性限度,再现武术表达之美。审美客体美的再现,离不开翻译审美主体审美功能的发挥。此外,武术词目翻译,不是为了要在"忠实""通顺"和"美"之间取得平衡,而是为了继承和发扬武术美的要素。择美而行、择优而为,不能束缚"忠实通顺"的翻译原则。优秀的武术翻译,应体现出"忠实""通顺"和"美"的和谐统一。

从文化对等看,武术本身就是一种文化的符号,故汉英武术词典的词目翻译不应该局限于对源语词目的规定性描述,而应该在译语文本中体现文化功能的对等。通过汉英武术词典微观结构的义项、插图、参照、词源等,探索汉英武术词典的文化等值翻译功能,突出文化负载内涵,可以最大限度地保留武术中弘扬民族文化的因子,并为词典用户扫清文化障碍,防止因为文化特色缺失而造成词典用户对这些文化负载词的误解。

在翻译策略上,本研究根据汉英武术词典词目翻译要遵循的规定和描写相结合的等值原则、自足与关联相结合的系统原则、意义和文化并重的交际原则、尊重源语形式的美学原则,对三种不同程度对等的词目——完全对等、部分对等以及零对等,提出了不同的翻译方法。(1)汉英完全对等情况下,首选直译法,但对于文化内涵丰富的词目,要按照规定和描写相结合的等值原则,采用直译加注的补充方法,以便实现意义自足、文化并重。直译尊重源语形式的美学原则,有利于词典发挥知识、交际、文化传播的功能。(2)汉英部分对等情况时,武术词目翻译常采用省略或添加、意译、音义混合的翻译策略。添加,是为了意义自足;不影响理解的前提下,省略是为了避免冗长解释;意译,会赋予武术术语形象逼真之感,使读者心神顿悟,符合文化与意义并重的交际翻译原则;音义混和的语音模拟,是为了尊重并保留源语特色,意义转换,符合目的语的表达习惯。音义混合生动形象,方便用户理解。(3)零对等武术词目的文化缺省主要有四种处理方法:音译、补偿、淡化和直译。音译法运用恰当,具有其他翻译方法所无法比拟的文化推广力度;补偿分为词内补偿和词外补偿两种。词内补偿大多是描写性对应译词(语),词外补偿采用交互参照、页脚注释或者附录补充等方式,对语义和文化信息添加补充性说明。词内补偿与词外补偿的手段相结合,遵循了汉英武术词典词目释义自足与关联相结合的系统原则,有助于用户系统了解武术知识。淡化是去掉或者减少影响语言理解,但对意义成分影响不大的文化信息,避免了啰嗦的文化比喻意义阐释,以照顾意义为第一原则,实现了词典表意的功能。直译是基于人类文化相通性的理解基础上对零对等文化缺省词的翻译。直译有利于汉语文字和中国文化主动走向世界,在世界文化格局中争取更多的话语权。

三者,就现代信息技术发展的背景,指出:

现代信息技术所具有的海量存贮功能、瞬间运算处理能力和强大的统计编辑功能等推动着双语词典编纂的技术革新、新媒介词典的涌现和词目释义方式的多样化。信息时代,汉英武术词典编纂要研发光盘词典、掌上电子词典、在线词典、桌面词典等新媒介汉英武术词典、利用多媒体和网络技术,将文字、图画、声像等融为一体,开发多模态释义信息,完善词典结构编排,并发挥语料库在词典收词立目、词目释义、用户友好原则构建中的作用,从而提升词典用户获取信息的速度、广度和深度,履行汉英武术词典知识、交际、文化传播的功能。

基于上述阐述之津要,辅以大量实据,勾勒出现代汉英武术词典之理念偏好的基本要素,力图实现承续历史、服务用户、映现中华武术文化之辞书鸿构,为汉英武术词典的更新换代和武术术语翻译的标准化提供借鉴。

汉英武术词典架设了武术国际交流的桥梁,为中外武术爱好者和研究翻译人员带来极大的便利。但是"工欲善其事,必先利其器",汉英武术词典编纂是武术传播的基础工程,不仅需要武术、语言学、词典学等专业人士的通力合作,而且编译周期长,需要巨大的人力、物力、财力投入,和经年不断的冷板凳。

7.2 研究局限和展望

每部词典的诞生,都需要无数学人日积月累、潜心数载、兢兢业业的不懈努力,但正所谓千虑一失,再完美的研究都难免疏漏。本书针对坊间单语和双语武术词典现状,从词典编纂结构和翻译所进行的汉英武术词典编纂和翻译的探讨,囿于学识资料,不免狭隘,有失公允。每部词典一旦面世,人人都有责任斧正纠误,丰富完善。"芳林新叶催陈叶,流水前波让后波"(刘禹锡),不断修订的词典才会生生不息,流传不止。如若本书浅陋的观点能对汉英武术词典的编译和武术翻译的规范化、标准化,有所裨益,庶几,则笔者幸甚。

"从一种文字出发,积寸累尺地度越那许多距离,安稳到达另一种文字里,这是很艰辛的历程"(钱钟书,1984:267)。语言学、翻译学、词典学和美学等众多学科的发展引导武术翻译工作者不断实践、缩短两种文字间的距离,发挥汉英武术词典知识、交际和文化传播的功能。本书只是选取了几个角度来反思汉英武术词典的编译,其中仍有很多问题未能涉及或者展开讨论,也未一一列出。学无止境,汉英武术词典编纂和武术翻译理论与实践,是一个需要长期探讨的复杂课题。

作为跨越两种语言的词典编译研究,本研究在语种的选择上还有很大的空间。囿于参阅资料和笔者认识,本研究仅以汉英英汉武术词典为例,虽希借此予以汉语为源语或目标语的它类汉英武术词典以启示,但是相关的双语词典研究有待各位学仁开展。本研究尚未进行的汉英武术语料库建设,将在不远的将来得到改进。

参 考 文 献

Al-Kasimi, Ali M. *Linguistics and Bilingual Dictionaries*[M]. Leiden: E.J.Brill, 1983.

Bassnett, Susan. *Translation Studies*[M]. 3rd ed. Shanghai: Shanghai Foreign Education Press, 2006.

Bassnett, Susan & Lefevere, Andre. *Translation, History and Culture*[M]. London: Pinter Publishers; New York: Pinter Publishers, 1990.

Bejoint, H. *Tradition and Innovation in Modern English* Dictionaries[M]. Oxford: Clarendon Press, 1994.

Bejoint, H. *Modern Lexicography: An Introduction*[M]. Oxford: Oxford University Press, 2004.

Bergenholtz, H. & Tarp, S. *Manual of Specialised Lexicography* [M]. Amsterdam: John Benjamins Publishing Company, 1995.

Carroll, David W. Psychology of Language[M]. New York: Brooks/ Cole Publishing Company, 1999.

Clark, Angus. *Illustrated Elements of Tai Chi*[M]. London: HarperCollins Publishers, 2003.

Cruse, D.A.Meaning in Language: an Introduction to Semantics and Pragmatics[M]. London: Oxford University Press, 2004.

Dollerup, Cay. Basics of Translation Studies[M]. Shanghai: Shanghai Foreign Education Press, 2007.

Halman, T.S. *Cultranslation*[J]. Quarterly World Report, Vol.1, No 2, 1978.

Hartmann, R.R.K. *Lexicography: principles and practice*[M]. London; New York: Academic Press, c1983.

Hartmann, R.R.K. & James, Gregory. *Dictionary of Lexicography*[M]. Beijing: Foreign Language Teaching and Research Press, 2000.

Hartmann, R.R.K. *The Use of Parallel Text Corpora in the Generation of Translation Equivalents for Bilingual Lexicography*[C]. Euralex 1994 proceedings, 1994.

Hill, Archibald A. *The Typology of Writing Systems*[A]. William A.Austin(ed.) Papers in Linguistics in Honor of Leon Dostert[C]. The Hague, 1967:92 - 99.

Hymes, D.H. *On Communicative Competence*[A]. Pride, J.B. & Holmes, Janet(eds.). Sociolinguistics: Selected Readins[C]. Harmondsworth: Penguin, 1972:269 - 293.

Jin, Di & Nida, Eugene A. *On Translation: with Special Reference to Chinese and English*[M].北京:上海对外翻译出版公司,1984.

Landau, Sidney I. *Dictionaries: the Art and Craft of Lexicography*[M]. New York: Scribner, 1984.

Lyons, J. *Linguistic Semantics: An Introduction*[M]. Beijing: Foreign Language Teaching and Research Press, 2000.

Meetham, A.R. & Hudson, R.A. *Encyclopedia of Linguistics, Information and Control*[M]. Oxford: pergamon, 1972.

Newmark, Peter. *A Textbook of Translation*[M]. New York: Prentice Hall International, 1988.

Newmark, Peter. *Approaches to Translation*[M]. Shanghai: Shanghai Foreign Language Education Press, 2001.

Nida, Eugene A. & Taber, Charles. R. *The Theory and Practice of Translation*[M]. Leiden: E.J.Brill, 1982.

Nida, Eugene A. *Approaches to Translating in the Western World* [J].外语教学与研究:外国语文双月刊(Foreign Language Teaching and Research), 1984(2):9-15.

Nida, Eugene A. *Language, Culture and Translating* [M]. Shanghai: Shanghai Foreign Language Education Press, 1993.

Nida, Eugene A. *Language and Culture—Contexts in Translating* [M]. Shanghai: Shanghai Foreign Language Education Press, 2001.

Ooi, Vincent, B. Y. *Computer Corpus Lexicography* [M]. Edinburgh: Edinburgh University Press, 1998.

Piotrowski, Tadeusz. *Problems in Bilingual Lexicography* [M]. Wrocław: Wydawnic-two Uniwersytetu Wrocławskiego, 1994.

Qiu, Pixiang & Zhu, Weimo. *Tai Chi illustrated: For greater balance, relaxation, and healthy* [M]. United States: Human Kinetics, 2012.

Saussure, F. *Course in General Linguistics.* [M]. Beijing: Foreign Language Teaching and Research Press, 2001.

Shuttleworth, Mark & Cowie, Moira. *Dictionary of Translation Studies* [M]. Shanghai: Shanghai Foreign Language Education Press, 2004.

Snell-Hornby, Mary. *Translation Studies: An Integrated Approach* [M]. Shanghai: Shanghai Foreign Language Education Press, 2001.

Svensen, B. *Practical Lexicography* [M]. Oxford, New York: Oxford University Press, 1993.

Witgenstein, L. *Philosophical Investigations* [M]. G. E. M. Anscombe(transl.). Oxford: Basil Blackwell, 2009.

Yallop, C. *The construction of equivalence* [A]. Steiner E. & Yallop C.(eds). Exploring Translation and Multilingual Text Production: Beyond Content[C]. Berlin; New York: Mouton de Gruyter, 2001:229-246.

Zgusta, Ladislav. *Manual of Lexicography* [M]. Berlin, New York:

De Gruyter Mouton，1971.

安德源.汉语词典用户的词典信息需求调查[J].辞书研究,2012(2)：
28—32.

包惠南、包昂.中国文化与汉英翻译[M].北京：外文出版社,2004.

卜玉坤、王晓岚,基于功能对等理论的中国文化专有项英译策略
[J].东北师大学报(哲学社会科学版),2009(1):85—89.

蔡纲、丁丽萍.中国武术的分类[J].上海体育学院学报,2007,31(5)：
65—68.

陈长书.论动态中的深层词义[J].语言文字应用,2005(2):56—62.

陈楚祥.积极型汉外词典：原则与框架[J].外语与外语教学,1997
(1):35—38.

陈建中.翻译即阐释——《名实论》之名与实[J].外语与外语教学,
1997(6):42—46.

陈青山、王宏.中华武术美的本质[J].武汉体育学院学报,2003,37
(1):148—151.

陈望道.修辞学发凡[M].上海：上海教育出版社,1997:256.

陈伟.双语词典翻译：本质思考与学科定位[J].辞书研究,2010(3)：
38—48.

陈曦、王红厂.运用整合原则和系统原则编纂积极型词典——从《俄
语同义词新型解释词典》谈起[J].辞书研究,2010(5):106—114.

陈玉.从 COBUILD 看积极型英汉学习词典的编纂[J].湖北师范学院
学报(哲学社会科学版),2005,25(5):44—47.

程艳伟.浅谈武术术语翻译[J].搏击：武术科学,2006(10):24—25.

词典编写组.新英汉词典[Z].上海：上海译文出版社,1999.

崔怀猛.对传统武术美的定位与品评[J].首都体育学院学报,2007,
19(5):123—125.

戴国斌.看不见的武术套路美：一项文化研究[J].体育科学,2004
(6):65—67.

戴远君、徐海.电子词典研究现状与展望[J].辞书研究,2014(4)：

1—9.

党会莉、李安兴.汉英词典编纂中对用户需求的预计及对策[J].外语研究,2004(2):41—43.

杜亚芳.零翻译与武术术语翻译[J].博击·武术科学,2010,7(1):25—27.

段红萍、刘祥清.武术翻译的社会性及其策略[J].中国科技翻译,2011,24(3):50—53.

段平、郑守志.汉英英汉武术词典[Z].北京:人民体育出版社,2007.

费道罗夫.翻译理论概要[M].北京:中华书局,1955.

冯春田、梁苑、杨淑敏.王力语言学词典[Z].济南:山东教育出版社,1995(3):606.

冯奇、万华.论双语词典编纂中的体例一致性原则——评《汉英大辞典》体例规范问题[J].南京:外语研究,2003,82(6):19—22.

傅守祥.文化博弈与中国形象[J].观察与思考,2012(1):15—16.

高凤岗.《内家外家是一家》[EB/OL].http://www.chinesekungfu.com.cn/html/1206/882bd1f4-5581-4794-8d74-c43509d3261f.htm.中国武术在线[2012-06-25].

耿云冬.英语学习型词典设计特征研究方法论述评[J].外语研究,2014(2):60—65.

龚学胜.当代汉语词典(国际华语版)[Z].北京:商务印书馆,2008.

郭建中.当代美国翻译理论[M].武汉:湖北教育出版社,2000.

韩剑云.武术英语翻译的技巧与原则[D].郑州:河南大学,2010.

郝玉凤.外向型汉英词典的编纂原则——以《新汉英辞典》与《汉英综合大辞典》为例[J].河北理工大学学报(社会科学版),2010,10(3):142—145.

胡开宝.双语共现与双语词典翻译的特殊性[J].解放军外国语学院学报,2005,28(3):77—81.

胡明扬等.词典学概论[M].北京:中国人民大学出版社,1982.

胡平、王扬.词典词条义项排序的认知研究[J].疯狂英语(教师版),

2012(3):141—143.

　　胡文飞.用户需求与汉英学习词典微观结构的构建:基于中国 EFL 学习者的实证研究[J].外国语文,2013(2):72—78.

　　华东师范大学哲学系逻辑学教研室.形式逻辑[M].上海:华东师范大学出版社,2001.

　　黄建华.词典论[M].上海:上海辞书出版社,1987.

　　黄建华.双语词典与翻译[J].辞书研究,1988(4):78—85.

　　黄建华、陈楚祥.双语词典学导论[M].北京:商务印书馆,1997.

　　黄建华.改进双语词典的翻译[J].辞书研究,1998(2):9—18.

　　黄建华.词典论[M].上海:上海辞书出版社,2001.

　　黄群英、章宜华.双语词典理论与实践:20 年的发展历程与展望[J].上海:辞书研究,2012(5):37—43.

　　黄希玲.论专科词典的编纂原则[J].辞书研究,2004(6):23—27.

　　汲智勇.试论武术术语体现的文化精神[J].体育与科学,1995(2):14—15.

　　江希和.双语词典译义问题[J].辞书研究,1982(3):35—42.

　　江百龙.武术理论基础[M].北京:人民体育出版社,1995.

　　金其斌.双语词典研究的描写主义视角——以《英汉大词典》第二版为例[J].辞书研究,2012(4):35—42.

　　金钟罩[EB/OL].http://baike.baidu.com/view/82256.htm.[2013-3-24].

　　柯飞.双语库:翻译研究新途径[J].外语与外语教学,2002(9):35—39.

　　郎朗.武术翻译策略研究[J].中国体育科技,2007,43(1):29—32.

　　李长林.中国武术术语汉译英浅谈[J].中国翻译,1993(5):23—26.

　　李福印.认知语言学概论[M].北京:北京大学出版社,2011.

　　李海斌.词典学定义综述[J].林区教学,2013(4):47—48.

　　李晖.《汉英英汉武术词典》翻译得失论[J].体育科学,2012,32(2):94—97.

　　李晖.论《汉英英汉武术词典》的宏观结构[J].外国语文,2013,29

(2):114—117.

李晖.论《汉英英汉武术词典》的微观结构[J].广州体育学院学报，2014，34(1):56—60.

李晖、于善安.武术动作名称翻译的美学考量[J].上海体育学院学报，2015，39(5):89—94.

李建国.语文词典编纂的文化自觉——关于词典类型学的思考[J].辞书研究，2011(2):1—12.

李克兴.论法律文本的静态对等翻译外语教学与研究(外国语文双月刊)[J].2010，42(1):59—65.

李磷.翻译的语言手段在武术器械课程中的应用[J].军事体育进修学院学报，2010，29(1):103—104.

李明.词典与文化刍议[J].外语与外语教学，1998，(10):40—42.

李明.语料库·蓝本·双语词典[J].苏州大学学报(哲学社会科学版)，2003(3):105—108.

李明、周敬华.双语词典编纂[M].上海:上海外语教育出版社，2002.

李赛红.解构英国国家语料库[J].外语教学与研究，2002(4):308—312.

李思国、李欣、胡勇红.从 LDOCE 的发展看单语学习词典的编纂方向[J].外语与外语教学，2000(11):42—44.

李特夫.武术术语英译论析[J].体育学刊，2006，13(6):63—66.

廖七一.当代英国翻译理论[M].武汉:湖北教育出版社，2001.

廖七一.当代西方翻译理论探索[M].南京:译林出版社，2006.

廖钰珊、蒲毕文[J].中国武术概念的述评，南京体育学院学报(社会科学版)，2013，27(5):25—30.

林明金、林大津.双语词典提供文化信息的途径[J].辞书研究，2007，(5):70—78.

林明金.双语词典的类型、评价原则与方法.福建省外国语文学会2006 年年会暨学术研讨会论文[C].2006(12):1—14.

刘禾.跨语际实践[M].北京:生活·读书·新知三联书店，2008.

刘柳、陈丛梅.从《牛津高阶英语词典》前后页材料变化看用户友好原则[J].辞书研究,2010(2):78—85.

刘宓庆.文化翻译论纲[M].北京:中国对外翻译出版公司,2006.

刘宓庆.翻译美学导论[M].北京:外语教学与研究出版社,2011.

刘明亮、周庆杰.太极推手的文化内涵及其翻译研究[J].中华武术(研究),2014(2):52—55.

刘润清.西方语言学流派[M].北京:外语教学与研究出版社,2011.

龙行年.武术概念内涵新探[J].武汉体育学院学报,2008,42(11):66—68.

陆谷孙.英汉大词典(第一版)[Z].上海:上海译文出版社,1991.

陆谷孙.词典的继承与创新[J].辞书研究,1998(1):41—45.

陆谷孙、王馥芳.大型双语词典之编纂特性研究——以《英汉大词典》编纂为例[M].上海:上海译文出版社,2011.

陆谷孙."新牛津","新英语"——《新牛津英语词典》(外教社版)代序[Z].外国语,2000(1):78—80.

罗思明、赵海萍.当代词典使用研究主题综述[J].辞书研究,2005(4):173—181.

罗思明、查如荣.辞书使用研究的认知视角[J].辞书研究,2002(5):104—114.

罗永洲.中国武术英译现状与对策[J].外语教学理论与实践,2008(4):58—63.

罗永洲.金庸小说英译研究——兼论中国文学走出去[J].中国翻译,2011(3):51—55.

罗永洲.武术文化对外译介反映"中国崛起"[EB/OL].http://www.cssn.cn/gd/gd_rwhd/gd_gdxc_1652/201412/t20141210_1436106.shtml.中国社会科学报[2014-12-10].

罗益民.积极型外汉语文词典释义的补充信息:理据和应用[J].天津外国语学院学报,2003(3):32—38.

吕光明.武术小辞典[Z].武汉:湖北教育出版社,1986.

马贤达等.中国武术大辞典[Z].北京:人民体育出版社,1990.

毛荣贵.翻译美学前言[M].上海:上海交通大学出版社,2005.

媒体称推行汉语拼音有助提高国家软实力[EB/OL].http://news.xin-huanet.com/politics/2008-02/12/content_7591467.htm.[2008-02-12].

牛跃辉.气功术语英文释义浅谈[J].中国科技翻译,1997,10(3):16—18.

钱厚生.语言文化词典的设计与编纂——兼评《朗文英语语言文化词典》[J].辞书研究,1996(1):31—40.

钱厚生.语料库建设与词典编纂[J].辞书研究,2002(1):58—68.

钱钟书.林纾的翻译[A].中国翻译工作者协会翻译通讯编辑部.翻译研究论文集(1949—1983)[C].北京:外语教学与研究出版社,1984b:267.

清渠."20世纪我国重大工程技术成就"评选揭晓[EB/OL].http://www.jyb.cn/gb/2001/12/21/zy/jryw/8.htm.[2001-12-21].

邱瑞瑅.传统武术流派的分类与推展策略[J].武汉体育学院学报,2006,40(12):93—95.

单锡文.中国武术分类研究[J].天津体育学院学报,1995,10(3):72—76.

邵志洪.英汉语研究与对比[M].华东理工大学出版社,1997.

《实用业务英语教师参考书》编写组.《实用业务英语教师参考书》[M].高等教育出版社,2000(第2版).

佘丹、陈南生.归化异化策略在武术中术语翻译的应用及评析[J].西安体育学院学报,2007,24(6):58—60.

盛培林.双语词典翻译与跨文化研究[J].中国翻译,2004,25(2):24—26.

苏宝荣.词义研究与辞书释义[M].商务印书馆,2000.

孙迎春.译学大词典[Z].北京:中国世界语出版社,1999.

孙迎春.译学词典中条目的内在系统[J].《上海翻译》翻译学词典与译学理论专辑,2005(85):2—5.

孙致礼.中国的文学翻译:从归化趋向异化[J].中国翻译,2002(1):

77—80.

体育院校教材编审委员会武术编选小组.体育学院本科讲义·武术（上下册）[M].北京：人民体育出版社，1961.

体育院、系教材编审委员会《武术》编写组.武术[M].北京：人民体育出版社，1978.

外语教学与研究出版社词典编辑室.现代汉英词典[Z].北京：外语教学与研究出版社，1992.

万军林、汤昱.武术术语的特点及翻译[J].体育成人教育学刊，2004，20(6)：50—51.

王秉钦.文化翻译学[M].南开：南开大学出版社，1995.

王馥芳.语言学理论研究成果与词典编纂[J].辞书研究，2004(4)：18—26.

王军.关于中国武术文化形态及演变的研究[J].北京：北京体育大学学报，2006，29(9)：1174—1176.

王开扬.《汉语拼音方案》的文化意义[J].吉林：北华大学学报（社会科学版），2008，9(8)：69—76.

王克非.论翻译工具书的研编[J].北京：中国翻译，2003，24(4)：40—43.

王晓、刘善涛.外向型汉语学习词典收词研究[J].鲁东大学学报（哲学社会科学版），2014，31(3)：69—74.

王彦芳.喻体——比喻句美的载体[J].语文知识，2000(3)：70—72.

王扬、徐学平.从认知语言学角度看词典[J].辞书研究，2006(3)：40—45.

王毅成.双语专科词典的收词立目和释义[J].辞书研究，2002(3)：63—73.

王毅成.双语专科词典的性质和类型[J].辞书研究，2000(6)：76—79.

魏向清.英语语言学的发展与英语词典[J].解放军外国语学院学报，1998(1)：13—17.

文军.积极型专科词典理论的有益探索——介绍《专科词典学手册》

[J].辞书研究,1998(3):124—134.

温力.认识的深化和武术概念的嬗变[J].武汉体育学院学报,1993(1):6—9.

吴必强.汉英武术词汇[Z].重庆:科学技术文献出版社重庆分社,1988:9.

吴丛明、刘瑶.《鹿鼎记》英译本中文化意象的"杂合"化表达[J].内蒙古农业大学学报(社会科学版),2011,13(3):357—357.

武继红.浅析理论词典学的发展[J].辞书研究,2002(5):11—18.

吴景荣、程镇球.新时代汉英大词典[Z].北京:商务印书馆,2000.

吴克礼.双语辞典词目译文初探[J].外国语,1978(3):56—61.

吴克礼.从宏观结构探讨双语词典的译文[J].辞书研究,1983(4):86—93.

吴克礼.双语词典词目译文的使用价值[J].辞书研究,1985(2):123—130.

伍谦光.语义学导论[M].长沙:湖南教育出版社,1988.

吴义诚.对翻译等值问题的思考[J].中国翻译,1994(1):4—6.

吴莹.双语词典的编写[J].辞书研究,1985(2):114—122.

西风.阐释学翻译观在中国的阐释[J].外语与外语教学,2009(3):56—60.

习云太.中国武术史[M].北京:人民体育出版社,1985.

夏俊彪、康庆武.从意象视角审视武术套路美[J].武汉体育学院学报,2010,44(10):78—82.

夏立新.不等值词头的翻译和处理[J].上海翻译,2005(S1):55—57.

解海江、李莉.外向型汉语学习词典需求状况调查研究[J].鲁东大学学报(哲学社会科学版),2012,29(1):62—68.

解海江、章黎平.词典编纂理念的二度转向[J].辞书研究,2010(6):27—41.

解守德、李文英.英汉汉英武术常用词汇[Z].北京:人民体育出版社,1989:68.

谢应喜.武术的文化内涵与翻译[J].中国科技翻译,2007,20(1):4—7.

谢应喜.武术翻译初探[J].中国翻译,2008(1):61—64.

徐海、黄建华.双语辞书:现状与走势——由第三届国家辞书奖双语词典分评委会议说起[J].外语与外语教学,2000,129(1):62—64.

徐海.COBUILD式释义与现代语言学理论[J].广东外语外贸大学学报,2002,13(4):31—35.

徐海亮.武术翻译四项原则[J].北京:中华武术,2005(1):24—25.

许余龙.对比语言学简介[J].英语自学,1996(1):3—5.

许余龙.对比语言学[M].上海:上海教育出版社,2002.

许渊冲.再谈中国学派的文学翻译理论[J].中国翻译,2012(4):83—90.

徐振忠.比较语言学和对比语言学漫话[J].外国语,1992(4):18—20.

严复.《华英音韵字典集成》序[Z].《华英音韵字典集成》(谢洪赍编译),商务印书馆,1902年:卷首.

杨惠中.语料库语言学导论[M].上海:上海外语教育出版社,2002.

杨建营.武术分类及发展探析[J].北京体育大学学报,2005,28(1):139—141.

杨建营.武术分类之辨析[J].上海体育学院学报,2010,34(6):64—68.

杨建营、程丽平.大武术观统领下广义武术概念的确立[J].上海体育学院学报,2013,37(4):88—93.

杨梅.中国传统体育对外宣传翻译的原则——以中国健身气功对外宣传册的英文翻译为例[J].武汉体育学院学报,2007,41(5):20—23.

杨瑞玲.目的论观照下的太极拳武术文化外宣翻译问题与策略研究[J].河南理工大学学报(社会科学版),2011,12(3):336—340.

杨西京.积极推动专科词典出版事业的健康发展[J].辞书研究,2008(5):1—7.

杨祥全.武术概念之源流变迁考证[J].北京体育大学学报,2007,30

(2):249—251.

杨耀华.语言隔阂:武术文化国际化传播之藩篱[J].西安体育学院学报,2014,31(6):713—716.

杨祖希等.辞书学词典[M].上海:学林出版社,1992:239.

姚喜明、张霖欣.英语词典学导论[J].上海:复旦大学出版社,2008.

姚喜明.现代语言学理论对英语词典编纂的影响[J].辞书研究,2008(6):60—69.

姚喜明、刘森林.电子词典与英语教学[J].外语电化教学,2003(4):16—20.

叶蜚声、徐通锵.语言学纲要[M].北京:北京大学出版社,2000.

雍和明.词典交际论——关于词典本质问题的再探讨[J].外国语,2001(4):38—43.

雍和明.交际词典学[M].上海:上海外语教育出版社,2003.

雍和明.国外词典类型学理论综述[J].辞书研究,2004(5期):37—44.

于海江.理论对词典编纂的指导作用[C].全国双语词典学术研讨会暨福建省辞书学会年会,1996:124—130.

于海江.平行语料库与双语词典编纂[J].辞书研究,2006(1):108—114.

于海江.从《英汉大词典》修订看我国双语词典编纂的现状[J].山东外语教学,2006(5):8—11.

元青.晚清汉英、英汉双语词典编纂出版的兴起与发展[J],近代史研究,2013(1):94—106.

曾东京.双语词典研究[M].上海:上海外语教育出版社,2003.

曾东京.英汉汉英语文辞书研究[M].成都:四川出版集团,四川辞书出版社,2006.

曾东京.翻译学词典编纂之理论研究[M].上海:上海大学出版社,2007.

曾于久、肖红征.对武术概念及层次分类的研究[J].体育科学,2008,

28(10):86—91.

张柏然.语言资料库与双语词典编纂[J].辞书研究,1995(1):2—10.

张可任.双语词典词目的翻译问题[J].中国翻译,1986(3):42—44.

张山.中华武术大辞典[Z].南京:江苏科技出版社,1994.

张山等.中国武术百科全书[Z].北京:中国大百科全书出版社,1998.

张振华、田兰波.保持民族文化特色——武术英译的重要原则[J].中国体育科技,2006,42(5):41—43.

章宜华、黄建华.电子词典的现状与发展趋势[J].辞书研究,1996(6):67—82.

章宜华.自然语言的心理表征与词典释义[J].现代外语,1998(3):47—61.

章宜华、黄建华.双语词典的回顾与展望[A];中国辞书学会学术委员会.中国辞书论集1999[C].上海:上海辞书出版社,2000.

章宜华.双语词典翻译的等值原则—兼谈双语词典翻译与文学翻译的区别[J].学术研究,2003(5):124—128.

章宜华.计算词典学与新型词典[M].上海辞书出版社,2004.

章宜华、雍和明.当代词典学[M].北京:商务印书馆,2007.

章宜华.新时期词典学研究应具备的理论特色[J].上海:辞书研究,2009(3):1—12.

章宜华.《辞书研究》与新时期词典学理论和编纂方法的创新[J].辞书研究,2010(1):57—69.

章宜华.基于用户认知视角的对外汉语词典释义研究[M].北京:商务印书馆,2011.

章宜华.基于二语认知视角的词典需求分析与多维释义研究——兼谈《新理念英汉双解活用词典》的释义特征[J].外语界,2013(6):39—48.

张相明.21世纪词典学研究的电子化发展新趋势——兼评《电子词典学》[J].辞书研究,2014(4):10—19.

赵丹、张道振.从静态走向互动——双语词典翻译研究的历时探索[J].外语艺术教育研究,2012(3),22—26.

赵刚.关于对外汉语教学词典研编和出版的再思考[J].辞书研究,2014(10):56—58.

赵为.翻译研究新视野:中国武侠小说俄译初探[J].外语学刊,2009,150(5):129—132.

周庆杰.冲突与融合:国际版本学视角下"太极拳"一词的译介研究[J].体育科学,2011,31(12):84—93.

周庆杰.太极剑动作名称的文化内涵及翻译[J].体育文化导刊,2010(1):106—109.

周庆杰.杨式太极拳翻译研究[J].中国体育科技.2004,40(5):72—78.

周伟良.武术概念新论[J].南京体育学院学报,2010,24(1):10—13.

周伟良.盛名之下,其实难付——评《中国武术百科全书》[J].浙江社会科学,2014(2):41—48.

朱建颂.辞书体例的内在统一[J].上海:辞书研究,2000(3):83—84.

张峰.象形武术的美学阐释[J].山东师范大学学报(自然科学版),2008,23(1):169—172.

张后尘.混合型双语词典类型研究[J].辞书研究,1995(1):151—156.

中国社会科学院语言研究所词典编辑室.现代汉语词典(第7版)[Z].北京:商务印书馆,2017.

兹古斯塔.词典学概论[M].林书武等译,北京:商务印书馆,1983.

附录 I 词典术语中英对照

access 检索

active dictionary 积极型词典

alphabetic order/sequence/arrangement/alphabetization 字母顺序排列

anisomorphism 语言差异性

appendix 附录

automatic lemmatization 自动归目

back matter 附录部分，后文，后页材料

basic sense 基本义项

bidirectional dictionary 双向双语词典

bilingual dictionary 双语词典

bilingual lexicography 双语词典学

CD-ROM dictionary 光盘词典

citation 引语，书证

common core vocabulary 基本词汇，共有核心词汇

compact dictionary 缩印词典

compilation（词典）编纂

compiler perspective 编纂者视角

computer-aided lexicography 计算机辅助词典学

concise dictionary 简明词典

concordance 语词索引

core sense 核心义项

core word 核心词

corpus 语料库

corpus-oriented lexicography 语料库词典学

cross-reference structure 参照结构

cultural context 文化环境

cultural loss 文化亏损

cultural-loaded word 文化含义词

decode 解码

decoding dictionary 解码词典

decoding function 解码功能

definiens(pl.definientia)下定义用的词语,释义

desk dictionary 案头词典

desktop electronic-dictionary 桌面电子词典

dictionary components 词典的组成

dictionary criticism 词典评论

dictionary for production/productive dictionary 生成型/产出型词典

dictionary function(词典功能)

dictionary index(词典索引)

dictionary lookup 词典查检

dictionary software 词典软件

dictionary structure 词典结构

dictionary type 词典类型

dictionary typology 词典类型学

dictionary user 词典用户

didactic function 教导功能

electronic dictionary 电子词典

encoding dictionary 编码词典

encoding function 编码功能

encyclopedia 百科全书

encyclopedic entry 百科条目

entry pane 条目窗

entry word/headword/lemma 词目

entry 条目,词条

equivalent 对应关系

external cross-references 外部参照

faithfulness, expressiveness, elegance 信达雅

field theory 词场理论

field 场

frame structure 组织结构,框架(结构)

frequency 词频

front matter, front page material 前页,前页材料

glossary 注释词表,术语汇编

graphic/pictorial illustration 插图,图解

Hierarchy 层次/等级体系法

index 索引

internal cross-references 内部参照

Lemmatization 立目

lexical gap 词汇空缺

lexicographer 词典学家,词典编纂者

lexicography 词典学,词典编纂,词典编纂学

macrostructure 宏观结构

main entry 主词条

mark, marker 标记

means of access 检索途径

megastruture 整体结构

microstructure 微观结构

macrostructure 宏观结构

middle matter 正文部分

multispection 询问式:即征求词典所涉学科领域专家的意见

outside matter 外在部分

over-defining 过度释义

paper dictionary 纸质词典

passive dictionary 被动型词典,消极词典

phrasal entry 短语词条
pictorial dictionary 图画词典
Preliminary Work 准备工作
reference book 工具书
reference dictionary 查考型词典
reference mark 检索符号
reference skill 检索技巧
retrieval system 检索系统
Selection 选择/收词
semantic field 语义场
sense discrimination 义项区分
sense 义项
specialized lexicography 专科词典学
user-friendly 用户友好
user-oriented 以用户为中心

附录 II　汉英武术词典用户需求调查问卷

网址:http://www.sojump.com/jq/4449688.aspx

本调查对了解汉英武术词典用户需求,助我完成学业论文至关重要,希望您能拨冗完成以下问卷! 感谢您的支持与合作,并祝您新年快乐!

1. 您大学所学的专业是

武术专业

非武术专业

2. 在学习工作中,您用到武术英译的频率

经常

一般

很少

几乎不

从不

3. 您一般什么时候,需要武术英译(多选题)

科研

翻译

教学

学习

其他＿＿＿

4. 您需要武术英译时,一般

无需任何查询工具,独自完成

需要借助词典、网络等工具帮助

其他＿＿＿

5. 您查词典时,首选

电子词典(比如卡西欧、诺亚舟、快译通等)

大型汉英词典(比如《汉英大辞典》《新汉英词典》或者《柯林斯—英汉汉英词典》等)

网络词典(如金山、有道、海词等)

汉英武术词典

其他＿＿＿

6. 您是否使用过汉英武术词典

是

否

(如果是,请回答第 7 题,如果否,请回答第 8 题)

7. 您对使用过的汉英武术词典的评价

非常好

比较好

一般

用处不大

完全没用

8. 您没有使用汉英武术词典的主要原因是(多选题)

没遇到过武术词汇

懒得去查

对某些词,了解大概就好

收词不一定全面

携带不便

过分依赖手机或电子词典

不知道有此类词典

其他＿＿＿

9. 您认为理想的汉英武术词典前后页材料中应提供哪些信息（多选题）

前言

词典使用说明

主要参考书目

比赛规则

武术名人堂

武术典籍

其他＿＿＿

10. 您认为武术词条译解中下面哪些信息更重要（多选题）

词条汉语标音

对应译词

文化释义

参照词条

图示

其他＿＿＿

11. 您对出版汉英武术词典感兴趣吗

非常感兴趣

比较感兴趣

一般

不太感兴趣

不感兴趣

12. 您认为汉英武术词典对您的科研、翻译、教学或者学习等是否有帮助

非常有帮助

比较有帮助

帮助不大

基本没帮助

无帮助

13. 您在选择汉英武术词典时考虑的主要因素是(多选题)

功能齐全

收词全面

释义准确

检索查询方便

印刷制作精美

便于携带

价格便宜

其他＿＿＿

提交答案

附录 Ⅲ　汉英武术词典用户需求调查报告（总）

样本总数：354 份

原始数据来源：http://www.sojump.com/report/4449688.aspx?qc＝

数据与分析：

第 1 题　您大学所学的专业是　［单选题］

选　　项	小计	比　　例	
武术专业	91		25.71％
非武术专业	263		74.29％
本题有效填写人次	**354**		

第 2 题　在学习工作中，您用到武术英译的频率　［单选题］

选　　项	小计	比　　例	
经　常	40		11.3％
一　般	59		16.67％
很　少	101		28.53％
几乎不	90		25.42％
从　不	64		18.08％
本题有效填写人次	**354**		

第 3 题　您一般什么时候,需要武术英译　[多选题]

选　项	小计	比　例	
科　研	128		36.16%
翻　译	153		43.22%
教　学	119		33.62%
学　习	155		43.79%
其　他	47		13.28%
本题有效填写人次	**354**		

第 4 题　您需要武术英译时,一般　[单选题]

选　项	小计	比　例	
无需任何查询工具,独自完成	12		3.39%
需要借助词典、网络等工具帮助	318		89.83%
其他	24		6.78%
本题有效填写人次	**354**		

第 5 题　您查词典时,首选　[单选题]

选　项	小计	比　例	
电子词典(比如卡西欧、诺亚舟、快译通等)	39		11.02%
大型汉英词典(比如《汉英大辞典》《新汉英词典》或者《柯林斯—英汉汉英词典》等)	40		11.3%
网络词典(如金山、有道、海词等)	238		67.23%
汉英武术词典	25		7.06%
其他	12		3.39%
本题有效填写人次	**354**		

第 6 题　您是否使用过汉英武术词典　[单选题]

选　项	小计	比　例	
是	67		18.93％
否	287		81.07％
本题有效填写人次	**354**		

第 7 题　您对使用过的汉英武术词典的评价　[单选题]

选　项	小计	比　例	
非常好	13		19.4％
比较好	34		50.75％
一　般	18		26.87％
用处不大	1		1.49％
完全没用	1		1.49％
本题有效填写人次	**67**		

第 8 题　您没有使用汉英武术词典的主要原因是　[多选题]

选　项	小计	比　例	
没遇到过武术词汇	126		44.37％
懒得去查	28		9.86％
对某些词,了解大概就好	49		17.25％
收词不一定全面	17		5.99％
携带不便	48		16.9％
过分依赖手机或电子词典	80		28.17％
不知道有此类词典	140		49.3％
其他	9		3.17％
本题有效填写人次	**284**		

第9题　您认为理想的汉英武术词典前后页材料中应提供哪些信息　[多选题]

选项	小计	比例
前言	97	27.4%
词典使用说明	215	60.73%
主要参考书目	159	44.92%
比赛规则	149	42.09%
武术名人堂	154	43.5%
武术典籍	202	57.06%
其他	15	4.24%
本题有效填写人次	354	

第10题　您认为武术词条译解中下面哪些信息更重要　[多选题]

选项	小计	比例
词条汉语标音	133	37.57%
对应译词	241	68.08%
文化释义	255	72.03%
参照词条	124	35.03%
图示	169	47.74%
其他	8	2.26%
本题有效填写人次	354	

第11题　您对出版汉英武术词典感兴趣吗　[单选题]

选项	小计	比例
非常感兴趣	73	20.62%
比较感兴趣	115	32.49%
一般	114	32.2%
不太感兴趣	31	8.76%
不感兴趣	21	5.93%
本题有效填写人次	354	

第 12 题　您认为汉英武术词典对您的科研、翻译、教学或者学习等是否有帮助　［单选题］

选　项	小计	比　例	
非常有帮助	91		25.71％
比较有帮助	150		42.37％
帮助不大	71		20.06％
基本没帮助	32		9.04％
无帮助	10		2.82％
本题有效填写人次	**354**		

第 13 题　您在选择汉英武术词典时考虑的主要因素是　［多选题］

选　项	小计	比　例	
功能齐全	196		55.37％
收词全面	224		63.28％
释义准确	251		70.9％
检索查询方便	180		50.85％
印刷制作精美	36		10.17％
便于携带	118		33.33％
价格便宜	74		20.9％
其　他	19		5.37％
本题有效填写人次	**354**		

附录 Ⅳ 武术专业和武术专业应用武术英译的频率对比

样本总数:354 份

原始数据来源:http://www.sojump.com/report/4449688.aspx

数据与分析:

第 2 题:在学习工作中,您用到武术英译的频率　［单选题］

X\Y	经常	一般	很少	几乎不	从不	小计
武术专业	29 (31.87%)	27 (29.67%)	20 (21.98%)	12 (13.19%)	3 (3.3%)	91
非武术专业	11 (4.18%)	32 (12.17%)	81 (30.8%)	78 (29.66%)	61 (23.19%)	263

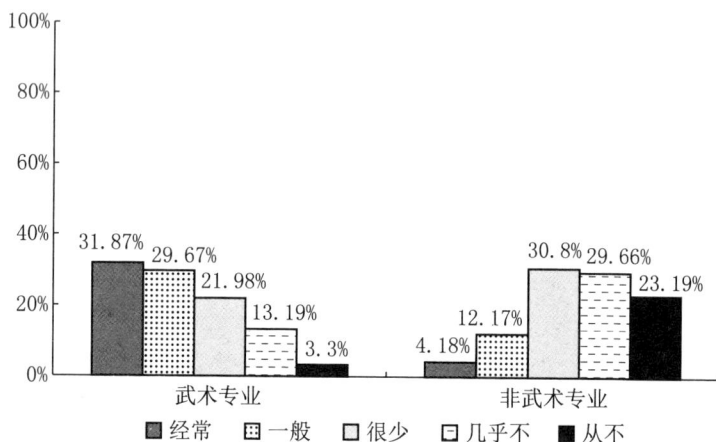

附录 V 武术专业和武术专业应用武术英译的领域对比

样本总数:354 份

原始数据来源:http://www.sojump.com/report/4449688.aspx

数据与分析:

第 3 题:您一般什么时候,需要武术英译 [多选题]

X\Y	科研	翻译	教学	学习	其他	小计
武术专业	48 (52.75%)	45 (49.45%)	51 (56.04%)	38 (41.76%)	3 (3.3%)	91
非武术专业	80 (30.42%)	108 (41.06%)	68 (25.86%)	117 (44.49%)	44 (16.73%)	263

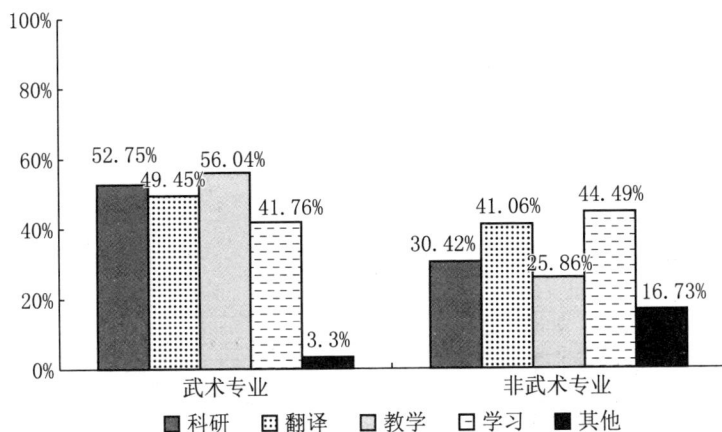

附录 Ⅵ　武术专业和武术专业对汉英武术词典的认同对比

样本总数：354 份

原始数据来源：http://www.sojump.com/report/4449688.aspx

数据与分析：

第 12 题：您认为汉英武术词典对您的科研、翻译、教学或者学习等是否有帮助　［单选题］

X\Y	非常有帮助	比较有帮助	帮助不大	基本没帮助	无帮助	小计
武术专业	39 （42.86%）	39 （42.86%）	10 （10.99%）	3 （3.3%）	0 （0%）	91
非武术专业	52 （19.77%）	111 （42.21%）	61 （23.19%）	29 （11.03%）	10 （3.8%）	263

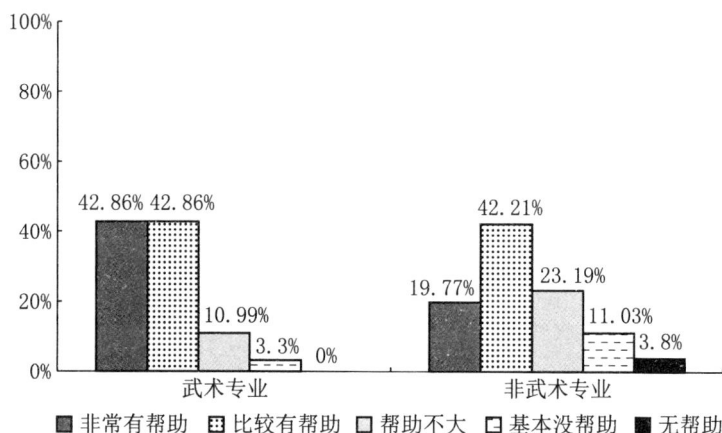

图书在版编目(CIP)数据

汉英武术词典编纂研究/李晖著.—上海:上海
人民出版社,2023
(体育文化丛书)
ISBN 978 - 7 - 208 - 17698 - 0

Ⅰ.①汉…　Ⅱ.①李…　Ⅲ.①武术-双解词典-词典
编纂法-研究-汉、英　Ⅳ.①G852 ②H06

中国版本图书馆 CIP 数据核字(2022)第 092303 号

责任编辑　陈佳妮
封面设计　胡　斌　刘健敏

体育文化丛书
汉英武术词典编纂研究
李　晖　著

出　　版　上海人 よ な 版 社
　　　　　　(201101　上海市闵行区号景路 159 弄 C 座)
发　　行　上海人民出版社发行中心
印　　刷　上海商务联西印刷有限公司
开　　本　635×965　1/16
印　　张　13.5
插　　页　2
字　　数　181,000
版　　次　2023 年 1 月第 1 版
印　　次　2023 年 1 月第 1 次印刷
ISBN 978 - 7 - 208 - 17698 - 0/G · 2108
定　　价　58.00 元